De laatste manager

BEN KUIKEN

De laatste *Manager*

EEN PLEIDOOI VOOR VRIJHEID, GELIJKHEID EN ONDERNEMERSCHAP

HAYSTACK

'Als je mensen dingen uit handen neemt, laten ze het gewoon vallen.'
Directeur van een verpleeghuis

Voor Theresa,

Blijf zoeken!

Ben

De laatste manager

Eerste druk juni 2010
Tweede druk november 2010

Uitgeverij Haystack
Postbus 308
5300 AH Zaltbommel
0418-680180

needle@haystack.nl
www.haystack.nl

Auteur: Ben Kuiken
Corrector: Carolien van der Ven
Vormgeving en opmaak: Foxy Design

ISBN: 9789077881767
NUR: 800

© 2010 Ben Kuiken / Uitgeverij Haystack

Niets uit deze uitgave mag worden verveelvoudigd en/of openbaar gemaakt door middel van druk, fotokopie, microfilm, geluidsband, elektronisch of op welke wijze ook en evenmin in een retrieval system worden opgeslagen zonder schriftelijke toestemming van de uitgever.

Hoewel dit boek met veel zorg is samengesteld, aanvaardt schrijver noch uitgever enige aansprakelijkheid voor schade ontstaan door eventuele fouten en/of onvolkomenheden in dit boek.

INHOUD

Inleiding 9

1 Mijnheer Jansens 16

Deel I:
het einde van de organisatie zoals wij die kennen 26

2 Symptoom een: cholesterol 28

3 Symptoom twee: beroepszeer 36

4 Symptoom drie: vrije radicalen 46

5 Symptoom vier: groeistuipen 53

6 Symptoom vijf: mentaal verzuim 61

7 Symptoom zes: aderverkalking 68

8 Symptoom zeven: geldzucht 75

9 Taylor en de zelfstandige demente bejaarde 83

Deel II:
een zoektocht naar de nieuwe organisatie 94

10 Onder het mes 96

11 Een kansloze missie 108

12 De hangmatten van Semco 122

13 Een manager zonder troon 140

14 'Laat de bonnetjes maar thuis' 156

15 Zen en de kunst van het machineonderhoud 168

16 Van onderbroeken naar kunstgras 179

17 De bureaucratische reflex 190

18 The seven habits of highly effective organizations 200

Bronnen en verder lezen 213

Obrigado 224

INLEIDING

'De laatindustriële mens had zich georganiseerd in grote, logge organen die niet meer te besturen waren en die alleen met angst, onderdrukking of financiële prikkels overeind konden worden gehouden. Grote legers functionarissen, managers genaamd, moesten erop toezien dat de gewone werker, eufemistisch "medewerker" genoemd, datgene uitvoerden wat de top van de organisatie had bedacht. Uiteindelijk verloren ook zij de greep op hun organisaties en stortten deze tijdens enkele crises aan het begin van de eenentwintigste eeuw als kaartenhuizen in elkaar.'

Zou er over honderd jaar zo over ons worden geschreven? Wie weet. In elk geval zullen onze nazaten de berichten over de economische, de morele en de milieucrisis toch op zijn minst met verwondering en onbegrip bekijken. Hier is duidelijk een systeem in verval, zullen ze denken, de laatste dagen van het industriële tijdperk, met zijn fabrieken, managers en domme arbeidskrachten. Onvoorstelbaar dat dat systeem het nog zo lang heeft volgehouden!

De tekenen van verval zijn overduidelijk. Niet alleen een pervers bonussysteem en zelfverrijking aan de top, maar ook een gebrek aan innoverend vermogen en betrokkenheid van werknemers bij hun werk wijzen in de richting van een doodziek systeem. In het eerste deel van dit boek som ik zeven symptomen van deze ziekte op die zelfs afzonderlijk al bijna dodelijk zijn.

Het wetenschappelijke managementmodel, honderd jaar geleden bedacht door de Amerikaan Frederick Taylor en razend succesvol in de fabrieken van Ford en de Bethlehem Steel Company, is nu wel uitgewerkt. Om hoogopgeleide, zelfbewuste en intelligente kenniswerkers te motiveren en te inspireren is iets anders nodig dan een manager die hun met een stopwatch in de hand tot in detail vertelt wat ze moeten doen.

Niet dat het de schuld is van die manager dat er niet meer lekker gewerkt wordt, zoals je de laatste tijd vaak hoort. De meeste managers die ik ken, werken enorm hard en doen ongelooflijk hun best om hun medewerkers en de organisatie vooruit te helpen. Zij zijn ook niet de grootverdieners en de zakkenvullers die van die enorme bonussen en vertrekpremies opstrijken waar het in de media voortdurend over gaat, maar de buffelende middenmanagers die net een schaaltje hoger zitten dan de mensen aan wie ze leiding geven en die soms net een Volkswagen Golf van de zaak mogen rijden.

Maar ook zij krijgen steeds minder voor elkaar, hoe ze ook hun best doen. Met lede ogen zien ze hun beste mensen vertrekken en voor zichzelf beginnen. De achterblijvers lijken niet vooruit te branden en blijken zeker niet in staat om voor de broodnodige vernieuwing te zorgen.

Wat doet die manager verkeerd? Niet zoveel, denk ik. Maar hij bevindt zich in een onmogelijke positie. Op het moment dat je een manager aanstelt die als voornaamste taak krijgt om een groep slimme medewerkers aan te sturen, veranderen die medewerkers als bij toverslag in 'domme', afwachtende uitvoerders, zo lijkt het. Dat is niet de schuld van die manager, niet van die medewerkers, maar een gevolg van de manier waarop we het werk hebben georganiseerd. En van het feit dus dat we die manager überhaupt hebben aangesteld.

Maar wat is het alternatief? En ís er eigenlijk wel een alternatief? Zolang deze organisatievorm nog steeds de meest succesvolle is die wij kennen en ook de meeste winst oplevert, zou je wel gek zijn om naar alternatieven te zoeken. *Never change a winning team!*
Maar zelfs het beste team zal ooit verliezen. Dan stijgt het succes de spelers naar het hoofd of wordt de concurrentie slimmer en sneller, en dan werkt de toverformule opeens niet meer. De coach (lees: de manager) krijgt de schuld en wordt de laan uit gestuurd, maar dit leidt slechts zelden tot het gewenste effect. De oorzaak ligt dieper en vraagt om drastische maatregelen, zoals een heel nieuw spelsysteem.
De grote vraag is dus: wat dan? Hoe stuur je die kenniswerkers wel aan? Of moet je ze maar gewoon helemaal vrijlaten, in de hoop dat er dan vanzelf iets briljants uit rolt?

Ik ben op zoek gegaan naar organisaties die drastische maatregelen hebben genomen, die hun kenniswerkers werkelijk de ruimte geven om hun werk te doen zoals zij denken dat het goed is. Organisaties die anders zijn ingericht, zonder dikke lagen managers of grote kantoren. Organisaties die hun medewerkers weten te inspireren om het beste van zichzelf te geven. Niet ter meerdere eer en glorie van zichzelf of voor de bonus van de baas, maar omdat het hun werk is. En omdat ze daarmee anderen – of het nu klanten zijn, patiënten of burgers – kunnen helpen.

Ik ontdekte dat er in Nederland bijna geen organisatie is die niet bezig is met zoeken naar manieren om het anders, beter te doen. Soms heet dat 'het nieuwe werken', soms 'sociale innovatie', maar bijna altijd gaat het erom de professional meer ruimte te geven om zijn werk te doen zoals hij denkt dat het goed is. Een ander belangrijk inzicht was dat dit idee helemaal niet zo nieuw is, maar dat de Pruisen dit in het midden van de negentiende eeuw allemaal al hebben bedacht. Maar doordat de Duitsers de oorlog hebben verloren, raakte hun organisatiemodel in de vergetelheid en werd het model van de overwinnaars, het Amerikaanse systeem van *command and control*, dominant.

Bij allerlei organisaties die het anders doen, heb ik aangeklopt en gevraagd of ik een kijkje in de keuken mocht nemen. Ik was namelijk niet geïnteresseerd in de mooie verhalen die je overal tegenkomt, maar ik wilde weten hoe het nu écht werkt. Zo ben ik bijvoorbeeld bij het wereldvermaarde Semco in Brazilië langsgegaan, maar heb ik ook een bezoek gebracht aan de politie van Amsterdam-West. Ik ben bij het leger geweest, maar ook op het nieuwe hippe kantoor van Microsoft op

Schiphol. Ik heb medisch specialisten in ziekenhuizen gesproken, maar ook een van de slimme koppen van hightechbedrijf TenCate. En ik heb aan tafel gezeten met de wijkverpleegkundigen van Buurtzorg Nederland in Amsterdam-Centrum. De ervaringen van deze organisaties tref je aan in het tweede deel van dit boek.

De laatstgenoemde organisatie, Buurtzorg Nederland, is wat mij betreft wel het meest vergaande en beste voorbeeld van de nieuwe organisatie dat ik ben tegengekomen. En daarom begin ik het eerste hoofdstuk met een beschrijving van deze organisatie.

Om een tipje van de sluier op te lichten: Buurtzorg Nederland is een inmiddels vrijwel landelijk opererende thuiszorgorganisatie die volledig werkt met zelfstandige eenheden van tien tot maximaal twaalf verpleegkundigen. Die verpleegkundigen regelen alles zelf, van roosters en huisvesting tot het werven van nieuwe cliënten en het bijhouden van de administratie. Er zijn helemaal geen managers; de hele organisatie – meer dan tweeduizend medewerkers groot – wordt aangestuurd vanuit een voormalige tandartsenpraktijk in Almelo, waar in totaal zes mensen werken.

Is dat de richting die het op gaat? Krijgt het nieuwe organisatiemodel de naam van de oprichter van Buurtzorg Nederland, Jos de Blok? Ik zou het niet kunnen zeggen, ik beschik niet over een glazen bol. Buurtzorg Nederland zal zich in de komende jaren bovendien nog volop moeten bewijzen. Maar de organisatie geeft zeker een interessante richting aan, een richting die ook wordt bevestigd door de andere organisaties die ik heb bestudeerd. Medewerkers krijgen meer autonomie en vrijheid in hun werk. Daar valt niet meer aan te ontkomen. En als gevolg daarvan zijn er minder of zelfs helemaal geen managers meer nodig. Zij worden bedankt voor hun diensten, en moeten op zoek naar een echte baan. Hopelijk hebben ze een vak geleerd, want anders hebben ze echt een probleem.

Mijn zoektocht naar de nieuwe organisatie voerde mij langs de zoutmijnen van Wieliczka in Polen, de tropische tuinen van São Paulo in Brazilië en de buitenwijken van Almelo. Maar ik heb gevonden wat ik zocht. Wat ik vond, betekent weinig goeds voor de manager, vrees ik: hij wordt met uitsterven bedreigd. Of we daar heel rouwig om moeten zijn, is maar zeer de vraag, want het geeft ruimte aan een nieuw soort: de zelfsturende mens.

Diens natuurlijke habitat, de nieuwe organisatie, is niet eenvoudig te creëren. Je bent er niet met een flinke dosis idealisme en het idee dat je medewerkers zo veel mogelijk vrij moet laten. Als je niet de juiste structuren aanbrengt, valt de organisatie op momenten dat het lastig wordt gemakkelijk terug in oude patronen, bijvoorbeeld als de economie tijdelijk tegenzit of de medewerkers zich wel heel veel vrijheden permitteren. Dat hebben we gezien aan het einde van de internethype, toen ook volop werd geëxperimenteerd met nieuwe organisatievormen. In het laatste hoofdstuk geef ik een indruk van dergelijke structuren – niet om ze klakkeloos over te nemen, maar om er zelf mee aan de slag te gaan.

Ik hoop dat dit boek je inspireert om zelf een nieuwe organisatie te bouwen. Dat is weliswaar niet makkelijk, maar het is zeker de moeite meer dan waard. Om je daar een indruk van te geven: bij Buurtzorg Nederland melden zich elke maand meer dan honderd verpleegkundigen spontaan aan omdat ze gehoord hebben dat ze er lekker kunnen werken. De cliënten geven de organisatie een 8,7 voor de verleende zorg. En de zorg is er ook nog eens stukken goedkoper: de accountants van Ernst & Young hebben berekend dat als het systeem van Buurtzorg Nederland landelijk zou worden ingevoerd, de overheid jaarlijks bijna 2 miljard kan besparen op de AWBZ. Kijk, daar wordt iedereen beter van.

Ik ben benieuwd hoe ze daar over honderd jaar op terug zullen kijken...

1 | MIJNHEER JANSENS

Mijnheer Jansens is hoogbejaard. Hij woont nog zelfstandig in een benedenwoning aan een van de grachtjes in de Amsterdamse binnenstad. Met ondersteuning van thuiszorg, dat wel. Zo krijgt hij hulp bij het wassen en aankleden, worden zijn maaltijden elke dag aan de deur bezorgd en krijgt hij indien nodig ook nog wat medische hulp.
Mooi, zou je zeggen. Maar mijnheer Jansens werd een beetje onrustig van al die verschillende mensen die bij hem over de vloer kwamen: voor wassen en aankleden iemand, voor medische zorg een verpleegkundige en voor het smeren van een boterham weer iemand anders. Allemaal even vriendelijk hoor, maar ze hadden allemaal zo'n verschrikkelijke haast. Alsof ze steeds de tram moesten halen. Roetsj, weg waren ze weer. Ze hadden niet eens tijd voor een praatje of een kopje koffie. Als ze al kwamen, want soms wachtte mijnheer Jansens vergeefs. Dan zat hij daar in zijn pyjama op zijn oude stoel voor het raam. Soms de hele dag.
Tegenwoordig komt er meestal maar één mevrouw. Zij doet alles, van wassen en aankleden tot wondverzorging en zelfs een afwasje als het er staat. Deze mevrouw neemt de tijd, drinkt rustig een kopje koffie met mijnheer Jansens en vraagt hem hoe het met hem gaat. Dat vindt hij fijn, hij wordt er rustig van. Het gaat een stuk beter met mijnheer Jansens. Mijn-

heer Jansens heeft hulp gekregen van Buurtzorg Amsterdam Centrum.

'Hij bloeit helemaal op,' vertelt wijkverpleegkundige Niesje Snijder. 'Hij kan zo nog een tijdje thuis blijven wonen en dat is voor deze mensen erg belangrijk.' Daar is het Niesje Snijder om te doen: mensen als mijnheer Jansens helpen zo lang mogelijk zelfstandig te blijven of weer zelfstandig te worden. Dat is de reden waarom ze ooit koos voor het vak van verpleegkundige. Maar die mensen zag ze de laatste jaren steeds minder vaak in haar baan als verpleegkundige bij een grote thuiszorgorganisatie. Steeds vaker vond ze zichzelf terug achter de computer, bezig met het aanvragen van indicaties of het bijhouden van de administratie die almaar uitgebreider en omvangrijker werd. En als ze dan al eens bij een cliënt thuis kwam, moest ze zich beperken tot strikt voorgeschreven handelingen. Als ze bijvoorbeeld constateerde dat de verzorgende die de cliënt had moeten aankleden die ochtend niet was komen opdagen, dan diende ze dit intern door te geven en was het vooral niet de bedoeling dat zij die cliënt zelf even hielp met aankleden. Dat was niet haar taak. 'Maar daar was ik natuurlijk geen wijkverpleegkundige voor geworden,' zegt ze in een tot kantoor omgebouwd lokaaltje in een voormalige school aan de Amsterdamse Recht Boomsloot. 'Ik wilde mensen helpen, geen formuliertjes invullen of aan de lopende band prikken uitdelen.'

Haar collega's Claudia Sol en Monique van Dijk knikken instemmend. Ook zij kunnen zo tien voorbeelden geven van misstanden in de thuiszorg: slecht management, hoge werkdruk, saai en eentonig werk, slechte bereikbaarheid van de wijkverpleegkundigen... Toen de organisatie waar Snijders werkte de zoveelste reorganisatie aankondigde, was voor haar de maat vol. Ze nam contact op met Jos de Blok van Buurtzorg Nederland met de vraag of ze samen met drie collega's een Buurtzorgteam in het centrum van Amsterdam mocht beginnen. Dat mocht. 'Zo zijn we gestart, met z'n vieren, aan de keukentafel van een van ons.'

'Zoals Snijder melden zich momenteel zo'n honderd verpleegkundigen per maand bij Buurtzorg aan,' vertelt Jos de Blok honderdvijftig kilometer verderop in zijn kantoortje in een woonhuis met aangebouwde praktijkruimte in Almelo. 'Spontaan, daar hoeven we niet voor te werven. Ze hebben over ons gehoord en denken: dat wil ik ook. Als het er dan een paar zijn, ga ik naar hen toe en vertel ik hoe het in elkaar zit. Meestal in iemands huiskamer, waar zich dan een aantal verpleegkundigen heeft verzameld. Ik ben zelf wijkverpleegkundige geweest, dus ik vertel gewoon wat ik vind, zoals ik de thuiszorg zie en wat er in mijn ogen niet goed is aan de manier waarop we het nu in Nederland hebben georganiseerd. Ik vertel ook dat wij niet zomaar een nieuwe thuiszorgorganisatie zijn, maar dat wij op een heel andere manier werken. We willen mensen helpen, geen zorgtaken verrichten. Dat valt meestal goed en leidt vaak binnen een paar uur tot groot enthousiasme, soms zelfs tot euforie. Dan zeg ik:

"Denk er nog maar eens goed over na. De medewerkers en de cliënten moeten er uiteindelijk beter van worden, niet ik of Buurtzorg."'

Volgens De Blok is dat namelijk een van de problemen in de huidige thuiszorg: dat de belangen van de organisatie zijn gaan prevaleren boven die van de medewerkers of de cliënten. De Blok was zelf manager bij thuiszorgorganisatie Carint, dus hij weet waar hij het over heeft. 'Het probleem in de zorg is dat we het steeds meer hebben over handelingen, over taken. We hebben alles opgesplitst: wassen, aankleden, steunkousen, wondverzorging... Voor elke taak komt weer iemand anders langs, want elke taak moet vanuit kostenoogpunt op een zo laag mogelijk niveau worden uitgevoerd. Moet je je voorstellen hoe belastend dat is voor de cliënt! Zorg is een heel intiem en kwetsbaar proces. Je staat op de stoep, komt binnen, kleedt iemand uit, gaat hem wassen... En dat door steeds weer iemand anders! Nog afgezien natuurlijk van de coördinatie en dus de extra managementlaag die nodig is om dat allemaal aan te sturen.'

Bij Buurtzorg doen de verpleegkundigen alles zelf: van wassen en aankleden tot wondverzorging en het aansluiten van morfinepompen. Dat betekent dat de cliënt meestal maar één verpleegkundige over de vloer krijgt, of hooguit een beperkt aantal als de cliënt continu zorg nodig heeft. Dat geeft rust voor de cliënt, maar bespaart de verpleegkundigen bovendien veel reistijd en de organisatie coördinatiekosten. Op het kantoor van Buurtzorg Nederland in Almelo werken naast Jos de Blok slechts vijf vrouwen die de gehele administratie van de organisatie van inmiddels ruim achttienhonderd medewerkers voor hun rekening nemen. Mede mogelijk gemaakt door een ingenieus IT-systeem, waarmee de verpleegkundigen zelf hun urenadministratie, rooster, agenda en andere zaken kunnen bijhouden. 'Eenvoudig,' zegt verpleegkundige Snijder in Amsterdam, 'zelfs ik kan het.' Door deze zelfwerkzaamheid en door het ontbreken van wat De Blok 'disfunctionele hiërarchie' noemt, liggen de overheadkosten van Buurtzorg Nederland op een derde van wat normaal is voor een thuiszorgorganisatie: tien procent in plaats van de gebruikelijke vijfentwintig tot dertig procent.

Mede daardoor lukt het Buurtzorg om de zorg voor zijn cliënten te laten uitvoeren door hoogopgeleide verpleegkundigen, terwijl men voor een deel van die werkzaamheden slechts het lagere tarief van een verzorgende in rekening kan brengen. 'Als je uitgaat van waar het in de zorg over zou moeten gaan, namelijk mensen helpen om zo snel mogelijk weer zelfstandig te functioneren, al dan niet met ondersteuning van familie of de buurt, dan heb je vaak te maken met behoorlijk complexe problemen. Er zijn veel verschillende partijen bij betrokken, je moet kunnen omgaan met de onzekerheid en de twijfels van de cliënt en je moet creatief kunnen zijn in het bedenken van oplossingen. Dat vraagt om een heel andere deskundigheid dan wanneer je alleen maar wonden verzorgt of steunkousen aantrekt. Wij werken daarom uitsluitend met hoog-

opgeleide wijkverpleegkundigen en wijkziekenverzorgenden met ervaring. Bijkomend voordeel daarvan is natuurlijk dat zij dan ook heel veel dingen zelf kunnen regelen. Ze kunnen prima hun eigen team organiseren zonder dat je daar dan weer een hele hiërarchie voor op moet tuigen.'
Ook voor de maatschappij is het inzetten van verpleegkundigen volgens De Blok gunstig. Doordat Buurtzorg creatieve oplossingen kan bedenken en streeft naar een zo snel mogelijke zelfredzaamheid van de cliënt, kan men met gemiddeld veertig procent van de gangbare indicatiestelling toe. 'Als onze aanpak landelijk wordt ingevoerd, kunnen we twee miljard euro per jaar besparen op de zorg,' zegt De Blok stellig. 'De neiging in de zorg is om te zorgen, om mensen dingen uit handen te nemen,' legt hij uit. 'Dat leidt tot een steeds grotere zorgafhankelijkheid en daar is de organisatie ook bij gebaat, want die kan dan meer uren schrijven. Wij draaien het om. Wij stellen onszelf steeds de vraag: wat is voor deze cliënt de beste oplossing? Als mensen thuiszorg aanvragen, is er vaak een of andere crisissituatie. Wij helpen mensen dus door een moeilijke tijd heen. Maar het is in hun belang om zo snel mogelijk weer grip op hun leven te krijgen. Dat is de normale manier van kijken naar de zorg, maar daar zijn we de laatste jaren helemaal van afgeweken.'

In het lokaaltje aan de Recht Boomsloot hebben de teamleden van Buurtzorg Amsterdam Centrum zich verzameld voor de wekelijkse teamvergadering. Ook Gertje van Roessel is aangeschoven, een van de vier regiocoaches van Buurtzorg Nederland die de teams ondersteunen bij het opzetten van hun praktijk. Van Roessel komt net als De Blok uit het management in de zorg en is opgetogen over het succes van Buurtzorg. 'Het is mooi om te zien dat het werkt,' zegt ze terwijl de teamleden nog snel even een boterham smeren. 'Het concept is eigenlijk heel simpel. En het belangrijkste is: de patiënten zijn tevreden.'

Volgens een onderzoek van het Nederlands instituut voor onderzoek van de gezondheidszorg Nivel waarderen cliënten van Buurtzorg de kwaliteit van de verleende zorg met een 8,7, een opmerkelijk hoog cijfer in de thuiszorg. Ook huisartsen zijn tevreden, evenals mantelzorgers en eigen medewerkers: zij geven de organisatie een ruime acht. Het enige voorbehoud dat Nivel maakt, is de vraag of Buurtzorg ook in de toekomst deze kwaliteit kan behouden, vooral gezien de snelle groei. Momenteel melden zich namelijk zo'n honderd verpleegkundigen per maand aan bij Buurtzorg Nederland, soms met hele groepen tegelijk. Als zij over de juiste papieren en over de juiste motivatie beschikken, komen ze in dienst van Buurtzorg Nederland. De Blok belt ze dan nog allemaal persoonlijk, iets wat hij volgens de dames op het kantoor in Almelo misschien binnenkort moet opgeven. Daarna mogen de verpleegkundigen zelf een team gaan opzetten: ze moeten zelf teamleden zoeken, een kantoorruimte vinden, huisartsen benaderen, cliënten werven. 'Wij zijn in mei vorig jaar zonder ook maar één cliënt gestart,' vertelt Snijder van Buurtzorg Amsterdam

Centrum. 'We zijn dus begonnen met een ruimte te zoeken en met acquisitie. Dat betekent vooral de huisartsen langsgaan, hun over ons vertellen, foldertjes neerleggen. Het lastige vind ik om in te schatten wanneer je weer iemand moet aannemen. We zijn nu met z'n vieren en één oproepkracht en hebben momenteel zo'n vijftig procent productieve uren. Dat lijkt weinig, maar je wilt ook ruimte houden voor acute zorg.' De maximale omvang van een team is twaalf medewerkers, en daar groeit een team in een jaar langzaam naartoe.

Door deze kleinschalige opzet en door de teams veel zelfstandigheid te geven denkt De Blok de snelle groei goed in de hand te kunnen houden. Voor de borging van de kwaliteit zijn er diverse handboeken en werkt Buurtzorg momenteel aan het opzetten van een digitaal Buurtzorgplein, waar de medewerkers hun kennis kunnen delen en elkaar vragen kunnen stellen. Mochten er problemen ontstaan binnen de teams, dan kan men terecht bij het Instituut voor Samenwerkingsvraagstukken IVS in Groesbeek, waar Buurtzorg mee samenwerkt. 'Maar ze mogen natuurlijk ook altijd iemand inschakelen die ze kennen, bijvoorbeeld een bevriende arts.'

Op het kantoor van Buurtzorg Nederland in Almelo hangt een kaart van Nederland aan de muur met daarop allemaal blauwe magneten. Elke magneet staat voor een Buurtzorgteam. Wat opvalt, zijn de relatief open plekken in het midden van het land en in Friesland. 'Maar ik weet niet of ze er allemaal op staan, hoor,' zegt office manager Gonnie Kronenberg.

'We groeien zo hard. En af en toe haalt de kat er een paar af of vind je een team terug in Duitsland.' Als de kat zich een beetje gedraagt, zal de kaart eind dit jaar helemaal volhangen met blauwe magneten, zo verwacht Kronenberg.

'Je hebt niet veel nodig om met dit concept heel Nederland te bedienen,' zegt De Blok. 'In elk geval geen grote kantoren.' Het is volgens hem deze eenvoud en de authenticiteit van zijn concept die mede aan de basis staan van het succes, maar ook het vertrouwen dat hij de verpleegkundigen geeft. 'Dat vinden ze soms gek, maar het is zoals ik ben. Ik weet gewoon dat het goed komt met hen. Zij zijn namelijk bezig met iets waar hun hart ligt, de zorg voor mensen. Die betrokkenheid kom je in de wijkverpleging nog heel veel tegen.'

De Blok heeft zojuist een gesprek gehad met een Tweede Kamerlid van de Partij van de Arbeid. De Partij voor de Vrijheid heeft, mede naar aanleiding van de positieve berichten in de media over Buurtzorg, maar ook door de perikelen rond grote thuiszorgorganisaties als Meavita, in de Kamer voorgesteld om het Buurtzorgsysteem landelijk in te voeren. Staatssecretaris Bussemaker van Volksgezondheid schrijft in haar antwoord enkele weken later dat er 'belangrijke leerpunten' te halen zijn uit Buurtzorg Nederland, maar waarschuwt voor al te groot enthousiasme. 'Het blindelings overnemen van het Buurtzorgconcept als algemene standaard vind ik niet raadzaam,' schrijft zij, waarbij zij verwijst naar de relatief jonge geschiedenis van Buurtzorg. Toch denkt De Blok dat het slechts een kwestie van tijd is totdat het Buurtzorgsysteem landelijk wordt ingevoerd. 'De bestaande thuiszorgorganisaties zullen in de problemen komen door de wijze waarop ze zijn georganiseerd.' Een aantal van die organisaties heeft al aangegeven ook op een kleinschalige manier zorg te willen gaan aanbieden.

Wow, denk ik terwijl ik in de trein zit terug naar Amsterdam: het kan dus anders! Er is een alternatief voor de traditioneel ingerichte organisatie die zich kenmerkt door een sterke hiërarchie en vele lagen managers. Tot nu toe was dat namelijk het belangrijkste argument ten gunste van deze organisatie: het is misschien niet ideaal, het heeft een paar grote nadelen, maar het is wel het beste wat we hebben. Het werkt.

Maar hier is dus een organisatie die geheel anders is ingericht, die werkt met zelfstandige eenheden en zonder ook maar één manager. En toch werkt dat ook. Nog veel beter zelfs: de medewerkers staan ervoor in de rij, de organisatie maakt aanzienlijk minder kosten dan gebruikelijk en de cliënten zijn laaiend enthousiast.

Wat is het geheim? Ik vermoed dat het 'm zit in het feit dat Buurtzorg veel beter gebruikmaakt van het zelforganiserend en –denkend vermogen van de medewerkers. Maar hoe dat precies zit en hoe je dat vermogen losmaakt, dat moet ik nog verder onderzoeken. Ik besluit dat ik maar eens begin met een diagnose van wat er allemaal mis is met de organisatie zoals we die zo goed kennen.

DEEL I

Het einde van de organisatie zoals wij die kennen

Over het uitsterven van de dinosauriërs bestaan veel theorieën. De meeste paleontologen zijn het erover eens dat de inslag van een grote meteoriet in Yukatán de dieren fataal is geworden. Dit verklaart echter nog niet waarom het vooral de grote landdieren waren die het loodje legden. Nieuwe inzichten uit de evolutiebiologie wijzen in de richting van een survival of the fittest: *het grote gewicht van de dinosauriërs was door het veranderde klimaat niet langer een gunstige eigenschap om te overleven.*

Groot, groter, grootst: vanaf de jaren tachtig van de vorige eeuw was dit het favoriete gezelschapsspel onder topmanagers van grote organisaties. Door de globalisering van de wereldeconomie zouden nationale ondernemingen te klein zijn geworden om zelfstandig voort te bestaan en als ze niet wilden worden opgeslokt door een grote buitenlandse partij, moesten ze zelf wel op overnamepad. Dit zou tal van synergievoordelen en efficiencywinsten opleveren en ach, het was natuurlijk ook niet slecht voor de status en de portemonnee van de overnemende bestuursvoorzitter. Sommigen gingen eens praten met de directeur van een concurrent, anderen staken voorzichtig een teen in het water van kleine buurlanden als België en de derde pakte het meteen groots aan en zocht zijn lekkere hapjes aan de andere kant van de grote plas, in de Verenigde Staten. En verslikte zich.

Wanneer wordt een organisatie zo groot dat de voordelen van schaalgrootte niet meer opwegen tegen de nadelen van zwaarlijvigheid? Het antwoord zal mede afhangen van de markt waarin de organisatie opereert, de kwaliteit van het management en de manier waarop zij de boel heeft georganiseerd. Het lijkt er echter op dat steeds meer organisaties lijden aan een ernstige, levensbedreigende vorm van obesitas. De symptomen zijn overduidelijk: medewerkers die massaal de grote organisaties verlaten en voor zichzelf beginnen, op zoek naar een grotere vrijheid. Hele beroepsgroepen die in opstand komen tegen wat zij noemen 'de uitholling van het vak'. Werknemers die blind de regeltjes opvolgen en zelf nauwelijks meer nadenken, waardoor er veel misgaat. Topmanagers die zichzelf enorme bonussen toekennen en elke vorm van kritiek daarop afdoen als 'jaloers gezeur'.

Het is onontkoombaar: de organisatie zoals we die kennen, heeft haar langste tijd gehad. Zij lijdt aan verschillende symptomen, die elk afzonderlijk al bijna dodelijk zijn. Hoe lang haar doodsstrijd nog zal duren, is moeilijk te zeggen, maar het is slechts een kwestie van tijd totdat de grote, hiërarchische organisatie door haar poten zakt.

De hoogste tijd dus om afscheid te nemen.

2 | SYMPTOOM EEN: CHOLESTEROL

Aan het einde van de middag van zondag 7 oktober 2001, nog geen maand na de aanslagen van 11 september, dringen Amerikaanse en Britse bommenwerpers het luchtruim van Afghanistan binnen voor een van de grootste militaire operaties sinds Vietnam: Enduring Freedom. Het doel: de vernietiging van de bases en trainingskampen van de terroristische organisatie Al Qaida en de arrestatie of eliminatie van haar top. Bovenaan op de *most wanted*-lijst van de Amerikanen staat de naam van de Arabier Osama bin Laden, volgens de inlichtingendiensten het brein achter de aanslagen in New York en Washington.

De operatie is een groot succes: nog geen twee maanden na de start zijn vrijwel alle trainingskampen van Al Qaida in Afghanistan vernietigd, zijn de taliban verdreven en hebben de VS een nieuwe leider geïnstalleerd, Hamid Karzai. Bin Laden heeft zich volgens de Amerikaanse inlichtingendiensten met naar schatting duizend tot vijftienhonderd volgelingen teruggetrokken in het omvangrijke gangenstelsel van Tora Bora, een berggebied in het zuidoosten van Afghanistan aan de grens met Pakistan. Zij worden daar onafgebroken bestookt door bommenwerpers en het lijkt slechts een kwestie van tijd voordat Bin Laden en zijn strijders gepakt zullen worden.

Op 14 december schrijft de terroristenleider zijn testament: 'Allah is er getuige van dat ik mijn leven heb gewijd aan de liefde voor de jihad en dat mijn dood in dienst staat van Allah.' Ondanks de massale aanwezigheid van Amerikaanse, Afghaanse en Pakistaanse troepen in het gebied en onder het toeziend oog van de Amerikaanse inlichtingendiensten weet Bin Laden in de nacht van 16 op 17 december echter te ontsnappen naar Pakistan. Amerikaanse commando's die de volgende ochtend de tunnels van Tora Bora bestormen, ondervinden nagenoeg geen verzet. Van een vermeend gangenstelsel is na de bombardementen weinig meer terug te vinden en het handjevol strijders die zijn achtergebleven, geeft zich vrijwillig over.

Sindsdien geeft Osama bin Laden volgens de Amerikaanse inlichtingendiensten vanuit Pakistan leiding aan het terroristennetwerk Al Qaida en aan de jihad. Volgens een vernietigend rapport van een commissie van de Amerikaanse Senaat onder leiding van senator John F. Kerry hadden de Verenigde Staten zich veel ellende kunnen besparen door in Tora Bora voor eens en voor altijd af te rekenen met Bin Laden. Niet alleen traint Al Qaida in Pakistan, maar ook in Jemen en andere islamitische landen, nog steeds extremisten voor de strijd in Afghanistan en voor bomaanslagen tegen westerse doelen. Ook is Bin Laden uitgegroeid tot een krachtige symbolische figuur van de jihad, die een constante stroom geld weet te genereren en fanatici van over de hele wereld inspireert.

Het rapport wijst foutieve beslissingen in de top van het Amerikaanse leger aan als belangrijkste oorzaak van dit falen. Herhaalde verzoeken van de bevelhebbers ter plaatse om versterking van de Amerikaanse grondtroepen werden steevast door defensieminister Donald Rumsfeld en diens opperbevelhebber generaal Tommy Franks van de hand gewezen. Hun argument is dat een te grote Amerikaanse aanwezigheid in Afghanistan de bevolking tegen het hoofd zou kunnen stoten en zou kunnen leiden tot een anti-Amerikaanse stemming in het land. In feite, zo toont het rapport van Kerry aan, was de Amerikaanse militaire top met zijn hoofd echter alweer bij de volgende oorlog, die tegen Sadam Hoessein in Irak.

Waarom slaagt het grootste en meest geavanceerde leger ter wereld er maar niet in om een stel bandieten op te sporen en te elimineren? Een leger dat de beschikking heeft over de modernste spionageapparatuur en de krachtigste wapens. Hoe kan het dat dat leger de meest gezochte persoon ter wereld, Osama bin Laden, zomaar voor zijn ogen laat ontsnappen en tot op de dag van vandaag min of meer zijn gang laat gaan?
Liefhebbers van complottheorieën zullen beweren dat de haviken in de regering-Bush, waaronder Rumsfeld, er eigenlijk helemaal geen belang bij hadden dat Osama bin Laden zou worden gepakt. Zolang de terroristenleider vrij rondloopt, hebben zij namelijk een excuus voor hun *war on terrorism* en kunnen ze iedere vermeende terrorist oppakken die ze maar willen. Er zijn zelfs behoorlijke gestaafde theorieën die bewe-

ren dat Al Qaida als organisatie helemaal niet bestaat. Het netwerk van terroristen zou een verzinsel zijn van neoconservatieve groeperingen in de Verenigde Staten, die zo hun greep op de westerse politiek en de publieke opinie proberen te verstevigen. In werkelijkheid zou het dan gaan om losse, terroristische groeperingen die slechts worden geleid door één doel: de verspreiding van de islam over de wereld en de vernietiging van zijn vijanden.

Maar is dat niet precies de kracht van deze beweging: het decentrale karakter ervan? Is dat niet juist de reden waarom de Amerikanen er, met al hun macht en middelen, maar geen vat op kunnen krijgen? Want zodra ze één cel hebben opgespoord en vernietigd, één kopstuk hebben opgepakt en naar Guantanamo Bay hebben overgebracht of één leider hebben geëlimineerd, duikt er elders in de Arabische wereld weer een nieuwe cel op en een nieuwe leider. Zelfs als Osama bin Laden zou worden opgespoord en ter dood veroordeeld, zou Al Qaida waarschijnlijk alleen maar aan kracht winnen, want dan heeft de beweging weer een martelaar. Het zou met andere woorden wel eens een bewuste tactiek kunnen zijn van de Amerikanen om Osama bin Laden te laten lopen.

Bewuste strategie of niet, feit blijft dat het Amerikaanse leger ondanks zijn enorme machtsvertoon en gigantische overmacht aan manschappen en middelen maar geen greep lijkt te krijgen op de radicale islamitische groeperingen in het Midden-Oosten. Irak moeten ze noodgedwongen, en zonder dat de rust er echt is weergekeerd, verlaten. In Afghanistan voeren ze volgens de meeste deskundigen een verloren strijd tegen de taliban en andere extremistische groeperingen. En in landen als Pakistan en Jemen kunnen de extremisten nog steeds tamelijk ongestoord hun gang gaan met het voorbereiden van aanslagen tegen westerse doelen, ondanks de Amerikaanse steun die hun regeringen krijgen om ze te bestrijden.

Het lijkt erop dat de Amerikanen het slachtoffer zijn geworden van hun eigen mythe. In de Amerikaanse films is het altijd *the good guy* die het wint van *the bad guy*, dus waarom zou dat in het echte leven anders zijn? Het is het soort retoriek waarvan de Amerikaanse politici zich ook graag bedienen wanneer ze het hebben over Al Qaida, Osama bin Laden of andere tegenstanders: ze hebben het steevast over de *forces of evil* die bestreden moeten worden. Maar uiteindelijk zal, in de woorden van voormalig president George W. Bush, *the good prevail*.

Jammer voor hem leven we echter niet in een Disneywereld en heeft Al Qaida weliswaar niet de middelen en de manschappen die de Amerikanen op de been kunnen brengen, maar wel iets anders wat de organisatie veel sterker maakt dan het grootste leger ter wereld: geloof. Hoeveel Amerikaanse (of Nederlandse) soldaten zijn er bereid om te sterven voor de vrijheid van een volk in vergelegen landen in het Midden-Oosten? Dit terwijl de Al Qaidastrijders keer op keer bewijzen dat ze bereid zijn hun leven te geven voor de jihad en voor de in hun ogen gerechtvaardigde strijd tegen de westerse imperialisten. Natuurlijk, Bush en de zijnen hebben met hun oorlogsretoriek hun best gedaan om het heilige vuur bij de manschappen aan te wakkeren, maar de meeste soldaten zullen de uitzending naar Irak toch vooral hebben beschouwd als 'werk'.

Een tweede groot verschil tussen het Al Qaidanetwerk en het Amerikaanse leger is de organisatievorm. Het decentrale netwerk van losse terroristische cellen blijkt vrijwel ongrijpbaar voor het sterk centraal en hiërarchisch georganiseerde Amerikaanse leger. Het is een strijd tussen de spin en de zeester, zoals de Amerikanen Ori Brafman en Rod Beckstrom die beschrijven in hun boek *The spider and the starfish*. In tegenstelling tot de meeste dieren heeft de zeester geen hoofd, geen centrum waar alle beslissingen worden genomen en van waaruit de poten worden aangestuurd. Sterker nog: hak een poot af en hij groeit gewoon weer aan. Hak vier poten af en ze groeien allemaal weer aan. Een decentrale organisatie is met andere woorden veel minder kwetsbaar dan een centrale, want daar hoef je slechts op zoek te gaan naar het hoofd en je kunt haar onschadelijk maken. Pikant detail: het verhaal gaat dat Al Qaida pas echt decentraal ging nadat president Bush zijn *war on terrorism* afkondigde en de organisatie tot staatsvijand nummer één bestempelde.

'Een sterke gezagsstructuur is voor een bedrijf als cholesterol in de aderen.' Deze uitspraak van de markante baas van autoconcern Fiat, Sergio Marchionne, geeft nog een ander belangrijk nadeel aan van de centraal aangestuurde organisatie ten opzichte van het decentrale netwerk: het maakt de besluitvorming traag. Elke vraag van de medewerkers op de werkvloer moet langs de geëigende kanalen en door de verschillende lagen van managers naar de top, waarna de beslissing in omgekeerde richting langs dezelfde weg terug moet naar de werkvloer, zodat de medewerker weet wat hij moet doen. Omdat iedere middenmanager zijn positie waar zal willen maken, zal hij het niet kunnen laten om zijn 'plasje' te doen na een vraag en duidelijk maken wat hij ervan vindt. Zo slibben de aderen van de organisatie langzaam dicht.

Het eerste wat Marchionne dan ook deed toen hij in 2004 het roer overnam van de noodlijdende autofabrikant, was een einde maken aan de sterk hiërarchische, op status en persoonlijke relaties gebaseerde bedrijfscultuur bij Fiat. Hij schrapte hele managementlagen, begon daarbij van bovenaf, en ontsloeg tien procent van de circa twintigduizend witte boorden. Hij benoemde buitenstaanders en jong talent in de top, maakte hen verantwoordelijk voor hun eigen businessunit en stimuleerde hen om risico's te nemen. 'Ze hebben een enorme mate van vrijheid,' zei Marchionne in 2007 tegen een journalist van *Fortune*. 'Maar die vrijheid heeft ook een heel duur prijskaartje: het leveren van resultaten.'

Die resultaten kan Marchionne zeker laten zien. Na jaren rode cijfers te hebben geschreven maakte Fiat in 2006 weer winst. Enkele nieuwe modellen, waaronder de nieuwe Fiat 500, werden een groot succes. In 2009 nam Fiat een belang in het bijna failliete, ooit zo grote Chrysler.

'Small *is* beautiful.' Enige weken nadat ik deze tekst in een artikel had geschreven, zie ik een van trots glimmende baas van de Nederlandse autobouwer Spyker, Victor Muller, bij Pauw & Witteman aan tafel zitten. Hij heeft zojuist het qua omzet tweehonderd keer grotere Saab overgenomen. Wanneer hem door Jeroen Pauw wordt gevraagd waarom hij denkt dat hij zal slagen waar het grote Amerikaanse General Motors zo opzichtig faalde, antwoord Muller: 'Je moet niet vergeten dat Saab als onderdeel van General Motors werd opgescheept met exorbitante overheadkosten van de holding. Daar zat een gigantisch apparaat overheen. Dat hebben we straks niet meer.' Of dat voldoende zal zijn, valt nog te bezien, maar het geeft aan dat er een nieuw tijdperk is aangebroken. Saab heeft volgens Muller in de twintig jaar dat het onderdeel was van het grote GM-concern te weinig aandacht gekregen en werd bovendien gedwongen om gebruik te maken van de platforms waarop ook alle andere merken van GM werden gebouwd. Daardoor ontstond een eenheidsworst en onderscheidde een Saab zich nauwelijks meer van andere auto's. Muller wil dit onderscheidende vermogen van Saab weer tot leven wekken. Ik wens hem daar veel succes mee.

3 | SYMPTOOM TWEE: BEROEPSZEER

Op woensdagavond 31 maart 2004 spreekt volkschroniqueur Geert Mak in de koepelkerk in Amsterdam de vijfde Raiffeisenlezing uit. De titel van zijn verhaal: 'De Mercator Sapiens anno 2004'. Het is een verwijzing naar een klassiek geworden lezing van Caspar Barlaeus uit 1632, die daarmee het Atheneum Illustre opende, de voorloper van de Universiteit van Amsterdam. Barlaeus schetst in zijn rede het zeventiende-eeuwse ideaalbeeld van de wijze, erudiete koopman, de mercator sapiens uit de titel, die als basisregel voor zijn handelen hanteert: 'Dat wat nuttig schijnt mag niet oneerlijk zijn, en dat wat oneerlijk is, mag nooit nuttig schijnen.' 'Vanwaar,' zo vraagt Barlaeus zich af, 'komen de contracten, die te kwader trouw zijn gesloten, de valse getuigen, de ongeoorloofde woeker, de betalingen van schuld met geleend geld, de kunst om gouden munten te vervalsen, de besnoeiingen van muntstukken? Dat alles komt alleen maar voor, omdat we bij het handeldrijven slechts letten op de voordelen, en dat we alles wat er gemeen, onrechtvaardig en vals in is, niet zien.'

De waarschuwende woorden van Barlaeus zijn helaas aan dovemansoren gericht. In de loop van de zeventiende eeuw komt de wereldstad Amsterdam steeds meer in handen van die andere koopman, de koopman die uitsluitend voor zijn persoonlijke gewin gaat en het niet zo nauw neemt met de regels van fatsoen en eerlijkheid. Stedelijke ambten worden steeds vaker tussen de regentenfamilies onderling verhandeld, doceert Mak. Zij strijken daar forse honoraria voor op terwijl ze het echte werk uitbesteden aan zetbazen. 'Op die manier ontstond er in de meeste Nederlandse steden een dikke korst van nepfuncties, uitgevoerd door leden van een gesloten, semiambtelijke elite die elkaar de hand boven het hoofd hield. Tegelijkertijd werden er bezoldigingen uitgedeeld waarbij iedere norm was zoekgeraakt en waarbij lustig op de publieke middelen werd geparasiteerd.' Uiteindelijk zakte het hele VOC-concern aan het einde van de achttiende eeuw langzaam ineen, volgens Mak mede door dit soort praktijken. 'Er volgde driekwart eeuw van stagnatie en armoede...'

Anno 2004 staan we er niet veel beter voor dan in de tijd van Barlaeus, meent Mak. Weer is er sprake van een 'groeiende korst gewichtigdoenerige figuren die onze bedrijven, scholen en andere organisaties nutteloos belast, die enkel nog kan denken in termen van winst en rendement, die ons, uitvoerders, het leven steeds zuurder maakt, de nieuwe nomenklatura, de regentenklieks van deze tijd. Het gaat me hierbij nog niet eens zozeer om het geld – hoewel de gevraagde bedragen niet mis zijn... Veel belangrijker is het neersiepelen van deze mentaliteit naar de lagere niveaus van bedrijven, overheden, en tenslotte de samenleving zelf. Bestuurders die zichzelf extreem verrijken, die zich enkel nog zien als tijdelijke passanten, die geen enkel gevoel meer hebben voor passie en kwaliteitsbesef, zulke leiders hebben, denk ik vaak, geen idee hoe destructief zo'n houding is voor de motivatie van het middenkader, voor de inzet van de mensen op de werkvloer, voor de trouw aan collega's en organisatie, voor, uiteindelijk, het burgerschap in alle betekenissen van het woord.'

De lezing van Mak, die enkele dagen later wordt afgedrukt in het zaterdagkatern van het *Financieele Dagblad*, slaat in als een bom. Eindelijk wordt een keer gezegd wat velen al jaren denken en ervaren. Vooral medewerkers bij de overheid en de semioverheid, zoals de politie, het onderwijs en de zorg, voelen zich door het verhaal van Mak gesterkt in hun gevoel van gekrenkte beroepstrots. Door de in de jaren negentig in zwang geraakte mode van de zogenaamde professionalisering van de organisatie werd hun handelingsvrijheid steeds verder ingeperkt en moesten zij steeds vaker voldoen aan prestatiecontracten, protocollen en leerplannen. Niet dat daar per definitie iets op tegen is, maar wel als de uitvoerder zelf het nut en de noodzaak van de regels en normen niet begrijpt, of – nog erger – het volgen ervan niet bijdraagt tot het uiteindelijke doel dat ermee beoogd wordt. We kennen inmiddels allemaal wel de in de media breed uitgemeten voorbeelden van de enthousiast bonnenschrijvende agent die zijn quotum nog moet halen of de verpleegkundige die binnen een halfuur weer weg is omdat dertig minuten nu eenmaal de tijd is die er voor het wassen en aankleden van een cliënt staat.

Het probleem is niet zozeer dat er geen waardering is voor de inzet en de vakkundigheid van de professional. Het echte probleem ontstaat doordat grote organisaties in de jaren negentig bevolkt zijn geraakt met een nieuw type bestuurder: de manager. Steeds vaker zijn dit mensen die niet in het vak zijn opgeleid en opgegroeid, maar een algemene managementopleiding hebben gevolgd – zoals bestuurskunde of een MBA. Vervolgens hebben ze razendsnel carrière gemaakt door om de drie jaar van baan te verwisselen, bij voorkeur steeds in een andere discipline, omdat dit 'enorm bijdraagt aan de inzetbaarheid op het hoogste niveau'. Deze managers hebben vaak nauwelijks affiniteit met of kennis van het specifieke vakgebied van de organisatie die zij besturen. Dat is ook niet nodig, zo is de gedachte, want een goede manager kan overal managen.

Helaas zijn er niet zo heel veel goede managers – zoals er trouwens ook altijd een schrijnend tekort zal bestaan aan goede timmermannen, schilders en leraren. Maar ja, ook de mindere goden komen ergens terecht en proberen er iets van te maken. Ze hebben vaak een opdracht van de directie of raad van commissarissen om de organisatie te kantelen, efficiënter, klantvriendelijker of professioneler te maken. En dus gaan deze managers keihard aan de slag en schrijven vuistdikke rapporten, ze bedenken verbeterpunten, voeren regels in, gaan prestaties meten en uren registreren. Maar omdat ze weinig verstand hebben van het vak, slaan ze regelmatig de plank mis. Tot frustratie van de uitvoerders, die in een enorme spagaat terechtkomen tussen wat de organisatie van hen verlangd en wat zij zelf vanuit hun vak goed achten.

Wat daarnaast bij de uitvoerders nog extra kwaad bloed zet, is de spectaculaire stijging van de salarissen en bonussen van deze managers, terwijl zij al jaren hun lonen moeten matigen. Dat het hierbij vooral gaat om excessen van een paar grootverdieners, die in de media breed worden uitgemeten, doet er niet zo veel toe; de toon van het debat is gezet.

Donderdagavond 27 april 2006. In het televisieprogramma *Rondom 10* van de NCRV discussiëren enkele tientallen leraren, artsen en verpleegkundigen over de uitkomsten van een door de omroep uitgevoerd onderzoek onder ruim duizend leerkrachten en verpleegkundigen naar de rol van de manager op de werkvloer. Die uitkomsten liegen er niet om: het zijn er te veel, ze weten niet waarover ze praten en houden de professionals met hun regeltjes en prestatiecontracten af van het echte werk. Driekwart van de ondervraagden zegt zelfs dat de managers hun het plezier in het werk ontnemen. 'Ik heb het gevoel dat ik in mijn dagelijkse werk voortdurend wordt betutteld,' klaagt Pierre Diederen, een leraar scheikunde van middelbare leeftijd met een sterk zuidelijk accent. 'Er zijn mensen die het nodig vinden om het werk dat ik doe, dat ik graag doe, waarvoor ik goed ben opgeleid en waar ik al ruim twintig jaar ervaring in heb, voortdurend van commentaar te voorzien en te vertellen hoe het beter kan. Er worden kortom voortdurend allerlei managementinstrumenten over mij heen gewaaierd om het primaire proces in mijn klas te optimaliseren.'

Volgens neurochirurg Wimar van de Brink, werkzaam in de Isala Ziekenhuizen in Zwolle, zijn de managers vergeten waar het echt om draait, namelijk de zorg voor de patiënt. 'Mensen komen naar een ziekenhuis omdat ze ziek zijn. Ze verwachten dat de dokter hen beter kan maken. Die dokter moet zijn werk goed kunnen doen en daar heeft hij ondersteuning voor nodig. Het management is een onderdeel van die ondersteuning. Maar een aantal jaren geleden is dat in het denken omgedraaid en is de manager belangrijker geworden dan het primaire proces. Het gevolg is dat er gestuurd wordt, dat er regels zijn gekomen, waardoor we in een keurslijf worden gedwongen en onze professie, de zorg, niet meer goed kunnen uitvoeren. Het gaat alleen nog maar om de cijfertjes, niet meer om het belang van de patiënt.'

Minister voor Bestuurlijke Vernieuwing Alexander Pechtold probeert nog enige nuance in de discussie aan te brengen door te stellen dat het toegenomen aantal regeltjes en controles het gevolg is van onze behoefte aan maakbaarheid en controleerbaarheid. 'Er mag niets misgaan, er mogen geen fouten worden gemaakt. Dat leidt tot bureaucratie.' Zijn nuancering gaat echter verloren in een zee van verontwaardiging over de kwalijke rol van de manager.

Die kan in de jaren die volgen weinig goed meer doen. In een speciale editie van de *Christen Democratische Verkenningen*, het kwartaaltijdschrift van het Wetenschappelijk Instituut voor het CDA, spreekt de redactie van 'beroepszeer': de miskenning van de beroepseer. 'Vroeger was het parool op de werkvloer "wie er verstand van heeft, mag het zeggen". Tegenwoordig maken daar juist degenen die er géén verstand van hebben de dienst uit. Stop de wildgroei van duurbetaalde bestuurders, managers & consultants. Respecteer de beroepseer!'

Naast een herdruk van de Raiffeisenlezing van Geert Mak bevat de speciale editie van de *Christen Democratische Verkenningen* onder meer een bijdrage van filosoof Ad Verbrugge over de geschonden beroepseer. Hij stelt dat het 'wat te simpel is om managers overal de schuld van te geven en de gehele wereld van het management als een kwaad af te schilderen'. Even verderop constateert hij echter dat 'juist in die sectoren waar de veelgeprezen tucht van de markt niet werkt en niet kan werken, zoals in de zorg en het onderwijs, het bureaucratische managerdom groteske vormen kan aannemen'. En 'ondertussen lopen talloze leraren, dokters en verpleegsters rond met de diepe frustratie dat hun beroep van hen is afgenomen. Het werken onder steeds nieuwe bureaucratische richtlijnen, opgelegd door mensen die niet weten wat hun vak in de praktijk inhoudt, is een directe ontkenning van hun beroepseer.'

In een interview stelt hoogleraar Organisatiekunde aan de Technische Universiteit Eindhoven Mathieu Weggeman dat er sprake is van een botsing tussen de Rijnlandse werkcultuur en het Angelsaksische businessmodel: 'Binnen de Rijnlandse werkcultuur staat vakdeskundigheid voorop. Kern van de Rijnlandse traditie is: "Hij die het weet, mag het zeggen."

Nu is de taal van de manager *disconnect* geworden. Het is de abstracte taal van MBA's die niet meer snappen waarover het gaat.' Dat heeft volgens Weggeman desastreuze gevolgen: 'Als je als manager niet snapt waarover het gaat, dan ga je maar kijken of de mensen op tijd aanwezig zijn, of ze te vroeg weggaan, of ze binnen het budget blijven en of ze efficiënter kunnen werken.' Weggeman pleit voor een herwaardering van de vakkundigheid en voor het geven van vertrouwen aan de professional, de vakman. 'De Rijnlandse cultuur zet de professional bovenaan.'

Weggeman zal enkele jaren na dit interview samen met 'organisatieactivist' Jaap Peters een boekje publiceren met de titel *Het Rijnlands Boekje*. Jaap Peters komt vanuit een andere hoek tot dezelfde conclusie als Weggeman. Hij schreef samen met Judith Pouw het boek *Intensieve Menshouderij*, dat zelfs tot Kamervragen leidde. Peters en Pouw vergelijken moderne organisaties in hun boek met de praktijken in de intensieve landbouw, zoals varkensmesterijen, tomatenkwekerijen en legbatterijen. Maar waar de bio-industrie op de weg terug lijkt naar een meer natuurlijke manier van produceren, lijkt de intensieve organisatie nog steeds bezig aan een onstuitbare opmars, constateren Pouw en Peters. Er gloort echter hoop. In het laatste hoofdstuk schetsen de auteurs enkele voorbeelden van wat zij 'duurzaam organiseren' noemen.

De samenstellers van de bundel *Beroepszeer*, hoofdredacteur Thijs Jansen, cultuursocioloog Gabriël van den Brink en hoogleraar rechtsfilosofie Dorien Pessers, zetten na een conferentie in april 2006 de Stichting Beroepseer op. Op de website van de stichting is de volgende tekst te lezen: 'Het niet naar behoren je vak kunnen uitoefenen, is een van de ergste frustraties die er bestaan. Willen we al die onnodige belemmeringen wegwerken, dan zullen we dat zelf moeten doen. De eerste stap is je mond opendoen en de kwestie in je eigen omgeving in de openbaarheid brengen. Spreek hardop wat er niet klopt en ga een gesprek aan. Zeg wat noodzakelijk is om je werk naar eer en geweten te kunnen doen.' In 2009 publiceert de stichting een nieuwe bundel, onder de titel *Beroepstrots: een ongekende kracht*. Naast vele portretten van 'beroepstrotse' professionals pleiten diverse deskundigen voor het herstel van de beroepseer van de vakman.

'De slag om de herwaardering hebben professionals nu wel gewonnen,' schrijft Evelien Tonkens in een opinieartikel dat op 13 september 2008 verschijnt in *de Volkskrant*. 'Maar ze zitten nog steeds klem door protocollen, regels, gebrek aan middelen. Er is meer democratie nodig om hen effectief te maken,' aldus de hoogleraar Actief Burgerschap aan de Universiteit van Amsterdam. 'Leraren, sociaal werkers, agenten, artsen, verpleegkundigen en andere professionals verdienen veel meer ruimte en waardering. Daarover is tegenwoordig vrijwel iedereen het eens. Ze moeten bevrijd worden van bureaucratische rompslomp en meer zeggenschap krijgen over hun eigen werk. Helaas,' constateert Tonkens, 'zelden ging zo veel consensus gepaard met zo weinig daadkracht.'

In een verklaring daarvoor signaleert Tonkens vier miskende, structurele problemen, die er kort gezegd op neerkomen dat we als samenleving steeds meer verwachten van professionals en dat zij ook steeds meer kunnen, maar dat we niet accepteren dat er ook meer geld naar de zorg en het onderwijs gaat. 'Om dat te beheersen wordt er een hogere productiviteit van de professional gevraagd. Daar willen we bewijzen van zien en dus intensiveren we de controle en het toezicht. Het gevolg is uiteraard minder efficiëntie, want professionals zijn door die eisen meer tijd kwijt aan bureaucratie. Zo ontstaat een spiraal van toegenomen prestatie- en verantwoordingsdruk.'

Om uit deze kafkaëske situatie te ontsnappen stelt Tonkens voor om het werk weer dienstbaar te maken aan de relatie tussen professional en burgers, om grootschalige organisaties op te knippen in kleine, zelfstandige eenheden en om hogere salarissen te betalen aan professionals, niet aan managers. 'Laat managers niet meer verdienen dan professionals. Managen is niet belangrijker of verantwoordelijker dan lesgeven, zorg verlenen of boeven vangen.'

4 | SYMPTOOM DRIE: VRIJE RADICALEN

Hij heeft het hoogst haalbare in het leven bereikt, zegt hij. Jeroen Smit is zzp'er, zelfstandige zonder personeel. 'Ik ben nu 46. Ik kan me niet voorstellen dat ik nog voor een baas zou werken, dat ik ondergeschikte zou zijn.'
Even verderop in het interview met Jan Tromp van *de Volkskrant* gaat de auteur van *De prooi* en *Het drama Ahold* nog een stap verder door te stellen dat hij vindt dat 'mensen die iets kunnen na hun vijfenveertigste niet meer bij een baas moeten willen werken. De eerste tien, vijftien jaar leer je wat, daarna moet je toch op eigen kracht vooruit kunnen komen. Ik vind het onbegrijpelijk dat nog zo veel goed opgeleide, oudere mensen het willen, werken voor een baas. Voor hen zouden we makkelijk de ontslagbescherming kunnen schrappen. Dan worden ze gedwongen iets met hun talenten te doen. 'In mijn omgeving zitten veel mensen muurvast. Aan een hypotheek en weet ik veel wat. Die zeggen tegen me: "Ik hoop dat ik binnenkort ontslagen word, dan krijg ik een aantal jaren salaris mee en kan ik eindelijk mijn droom realiseren." Hoepel op.'
Niet dat Smit in het begin niet heeft getwijfeld: 'Om je heen lopen ze almaar te waarschuwen: hoe moet het nu als je arbeidsongeschikt raakt, denk aan het pensioengat, wat doe je nou toch? Een beetje onzeker maakte het me wel. Als de

mensen om je heen zo veel kabaal maken, ga je je toch afvragen: doe ik dit wel goed? Alleen in het begin, hoor. Al snel ontdekte ik de vrijheid. De vrijheid! Geloof me, het is oneindig veel leuker om rekeningen te versturen dan om een salaris te ontvangen.'

Nou heeft Jeroen in zekere zin natuurlijk makkelijk praten. Alles wat hij sinds zijn vertrek bij weekblad *FEM* aanraakte, veranderde min of meer in goud. Het boek dat hij in 2004 schreef over de bijna-ondergang van retailer Ahold, *Het drama Ahold*, was met een verkochte oplage van vijftigduizend exemplaren al een ongekend succes. Dat was echter nog niets in vergelijking met diens opvolger, *De prooi* uit 2008, waarvan er maar liefst tweehonderdduizend over de toonbank gingen. Daarnaast had Smit succes als columnist, televisiepresentator (*NOVA*), dagvoorzitter en coach. Jeroen had met andere woorden nogal wat rekeningen te versturen. En dat kan lang niet iedere zzp'er zeggen.
Maar Smit verwoordt hier toch een belangrijk en breed gevoeld sentiment. Vooral onder hoogopgeleide kenniswerkers als journalisten, IT'ers en consultants, maar toch ook onder veel vakmensen als bouwvakkers en verpleegkundigen neemt de behoefte aan vrijheid in het werk toe. Die vrijheid vinden ze steeds minder vaak bij een baas. En daarom beginnen ze maar voor zichzelf.
Neem verpleegkundige Annelies Blekman, die jaren geleden voor zichzelf begon: 'Er is nu geen organisatie meer die mij

zegt: "Jij mag de gordijnen niet opendoen want dat kost te veel tijd." Het is zo onbevredigend om voorgeschreven te krijgen wat je moet doen en in hoeveel minuten. Nu besluit ik zelf hoeveel tijd ik doorbreng met een cliënt. Ik drink een kopje koffie, maak een praatje en ga aan het eind van de dag met een bevredigd gevoel naar huis.'

Bij de opening van het Academisch Jaar van de Vrije Universiteit in 2008 luidde FNV-voorvrouw Agnes Jongerius de noodklok. Zij sprak over de menselijke maat en constateerde dat het daarmee in veel organisaties bijzonder beroerd was gesteld: 'De snelst groeiende groep FNV-leden zijn de zelfstandigen zonder personeel. En een belangrijke reden om voor zichzelf te beginnen is dat ze dan meer met hun vak, met het echte werk bezig kunnen zijn. Dat geldt van bouwvakker tot adviseur. Al die zzp'ers vluchten weg uit de arbeidsorganisaties. Want voor hen staan die gelijk aan bureaucratische procedures, controlerende bazen en veel gedoe. Ze willen tijd voor hun vak, vrijheid om te werken. Ze willen zich ontwikkelen, ze willen interessante klussen doen.'
De cijfers geven Jongerius gelijk: eind 2008 telde Nederland volgens het Centraal Bureau voor de Statistiek 640.000 zelfstandigen zonder personeel. Dat is negen procent van de beroepsbevolking en een toename van maar liefst 67 procent ten opzichte van 1996 (circa 400.000). Andere cijfers, van onder meer de Kamer van Koophandel, spreken zelfs over bijna een miljoen kleine zelfstandigen. 2007 was een topjaar:

toen kwamen er naar schatting 100.000 zelfstandigen bij. En ondanks de recessie lijkt er voorlopig ook geen einde te komen aan de sterke groei van deze nieuwe groep ondernemers. 'Arbeidsorganisaties zijn blijkbaar steeds minder een plek waar je nog lekker kunt werken,' vervolgde Jongerius. 'Organisaties zijn beland in een permanent proces van reorganiseren. (...) Onder het mom van herpositioneren, aanboren van nieuwe markten, professionaliseren of van wat dan ook wordt de vrijheid van handelen op de werkvloer steeds verder teruggedrongen. Terwijl het topmanagement voor zichzelf steeds meer vrijheid creëert, worden werknemers bestookt met administratieve regels, controlevoorschriften, theoretische, door anderen SMART geformuleerde prestatienormen.'

Uit enquêtes onder zzp'ers komt steevast naar voren dat de behoefte aan meer vrijheid en zelfstandigheid de belangrijkste reden is om voor zichzelf te beginnen. Op de tweede plaats staat de verwachting meer te kunnen verdienen. Dan komen ze echter vaak bedrogen uit, want zzp'ers verdienen gemiddeld iets minder dan hun collega's in loondienst en hebben vaak ook geen arbeidsongeschiktheidsverzekering of pensioenopbouw. Zeker in crisistijden is het soms sappelen. Maar gelukkig heeft de partner tegenwoordig ook vaak een inkomen en is het welvaartsniveau in Nederland dusdanig dat de meesten zich prima redden (dan maar een vakantie minder!). Soms is het ondernemerschap (derde reden) echter geen vrijwillige keus. Dan vindt vooral de baas het een goed idee, omdat die dan goedkoper uit is. Hij hoeft niet door te betalen bij ziekte en als het even wat minder gaat met het bedrijf, zit hij niet opgescheept met dure arbeidskrachten die alleen maar met hun duimen draaien.

Het is met name deze toenemende behoefte aan flexibilisering bij werkgevers die de zzp'ers die in dit gat doken lange tijd een slechte naam heeft bezorgd bij de vakbonden. Inmiddels realiseren ook zij zich echter dat het tij niet meer te keren is en dat het overgrote deel van de zzp'ers helemaal niet bestaat uit zielige, onderbetaalde, verkapte loonslaven die door hun baas aan de dijk zijn gezet. Het zijn over het algemeen juist zelfbewuste, professionele beroepsbeoefenaren die vrijwillig en volmondig kiezen voor een avontuur als zelfstandige. De gemiddelde leeftijd ligt boven de veertig jaar, dus deze mensen hebben hun vlieguren wel gemaakt binnen de organisatie. Zij keren die massaal de rug toe omdat ze er niet meer vinden wat ze zoeken.

'Niet de auto van de zaak, maar plezier in je werk is het nieuwe statussymbool,' kopt *de Volkskrant* begin december 2009 boven een artikel over de nieuwe generatie zzp'ers. 'Kies voor jezelf, ga je ontplooien.' In het artikel wordt Steve Sichtman opgevoerd, partner bij adviesbureau Boer & Croon en auteur van het boek *De Blue Chip manager*. In het boek introduceert Sichtman de Chippie: de self-Conscious Happy Independent Professional. Sichtman: 'Mensen hebben veel meer zelfvertrouwen gekregen. Of zelfbewustzijn. Ze durven meer. Ze weten wat ze kunnen en ze weten wat ze moeten doen om voor zichzelf te zorgen.'

Ze móéten natuurlijk ook wel. Niet de werknemer, maar de werkgever heeft namelijk het contract opgezegd. De met de mond beleden onschatbare waarde van de werknemer voor de organisatie ('onze mensen zijn ons belangrijkste kapitaal') blijkt in de praktijk als eerste te sneuvelen zodra de winstcijfers ook maar een klein beetje lager uitvallen dan de analisten hadden verwacht. Een voorbeeld: op 27 april 2006 maakt ABN Amro bekend dat de winst over het eerste kwartaal van dat jaar één miljard euro bedraagt, een stijging ten opzichte van het eerste kwartaal van 2005 met twaalf procent. Desalniettemin kondigt de bank het ontslag aan van 2400 medewerkers. De reden: de winst is minder dan de gemiddelde verwachting van analisten. De koers van het aandeel daalt met 2,5 procent. Hoezo, 'onze medewerkers zijn ons belangrijkste kapitaal'? Natuurlijk, ABN Amro had onder Rijkman Groenink nooit een gelukkige hand in de omgang met zijn personeel (denk aan de 'misbaarverklaring' uit 2001), maar Dé Bank was lang niet het enige bedrijf dat de aandeelhouder vooropstelde als het even spannend werd.

De werknemer heeft zijn conclusies wel getrokken: hij staat er alleen voor en zal voortaan voor zichzelf moeten zorgen, want de werkgever doet het niet meer. Het grote voordeel van loondienst ten opzichte van het vrije ondernemerschap (zekerheid!) is weggevallen en dus kiezen steeds meer werknemers voor het laatste. Er staat namelijk iets heel waardevols tegenover. In de woorden van Jeroen: 'De vrijheid. De vrijheid!'

5 | SYMPTOOM VIER: GROEISTUIPEN

In januari 2009 verliezen twee Nederlandse voetbalclubs binnen twee weken hun hoofdtrainer. Op 14 januari moet Gert-Jan Verbeek bij Feyenoord het veld ruimen nadat de spelersgroep zijn vertrouwen in de trainer heeft opgezegd. Twee weken later is het de beurt aan Huub Stevens bij PSV, die ontslag neemt 'omdat er geen klik' is met de spelers. In werkelijkheid heeft de als ijzervreter bekendstaande Stevens geen enkel gezag over de spelersgroep en wordt hij in het openbaar zelfs belachelijk gemaakt door sterspelers als Carlos Salcido en Danko Lazovic.

Bij Feyenoord keren de fans zich in eerste instantie massaal tegen wat zij noemen 'verwende' sterspelers als Kevin Hofland, Roy Makaay en Theo Lucius, die week in week uit geen bal raken en alleen maar klagen over de intensieve trainingen van Verbeek. 'Volgevreten miljonairs' zouden het zijn. Enkele weken later reageert een getergde Hofland in *de Volkskrant*. Verbeek sloeg volgens de verdediger vanaf het begin de verkeerde toon aan tegen de routiniers. Het ging al mis in de eerste werkweek van Verbeek, vertelt Hofland. 'Ik was in mei aan mijn enkel geopereerd. Ik moest nog een week revalideren. Uit de tests bleek dat ik nog niet kon springen. Maar al bij de tweede training moest ik meedoen van Verbeek. Ik zei: "Dat gaat niet, ik kan niet springen." "Jawel, je gaat trainen," was het antwoord. Binnen drie dagen was mijn enkel ontstoken, waardoor ik bijna de hele voorbereiding heb gemist.

Wij werden niet als volwassen mensen behandeld,' klaagt Hofland. Zo stuurde de trainer Hofland, Makaay en Lucius na de nederlaag tegen Deportivo la Coruña als kleine jongetjes naar bed. Een ander punt van kritiek van de spelers aan het adres van de trainer was dat deze zich niet aan de huisregels hield die hij zelf had opgesteld. Hij kwam te laat voor de lunch en liep op slippers, terwijl hij dit de spelers had verboden. 'Discipline staat bij Verbeek hoog in het vaandel. Dan moet je wel het goede voorbeeld geven,' aldus Hofland.

Natuurlijk, in het voetbal gelden andere wetten dan in de 'normale mensenwereld'. Er staat veel geld op het spel; sommige spelers verdienen al op zeer jonge leeftijd miljoenen euro's en rijden in de dikste karren. Maar toch tekent deze ontboezeming van een negenentwintigjarige voetballer en het feit dat een slecht presterende groep jonge spelers kennelijk in staat is om een trainer van naam en faam weg te krijgen de nieuwe verhoudingen op de werkvloer. De jonge generatie werknemers, de voetballers incluis, is uitermate zelfbewust en overtuigd van het eigen kunnen. Op de markt van schaars talent zijn zij het die de lakens uitdelen. Als het ze ergens niet bevalt, dan zoeken ze een andere uitdaging. Er is toch werk genoeg! Ze hebben zeker geen zin om tien jaar te wachten tot ze eindelijk een keer partner of manager mogen worden. Het

leven is al zo kort en er zijn zo veel leuke dingen te doen. Waar ze zeker ook geen geduld voor hebben, zijn ellenlange procedures en regels waar ze het nut niet van inzien.
Dat klinkt arrogant en verwend en dat is het misschien ook wel. Maar het is wel een realiteit waar organisaties mee moeten leren omgaan. Door de vergrijzing en de ontgroening zal de krapte op de arbeidsmarkt de komende decennia alleen maar verder toenemen. En dan is het gewoon een kwestie van vraag en aanbod: wie iets kan, kan eisen stellen. En eisen stellen, dat kun je gerust aan deze generatie overlaten. Zoals die ene bleke jongen in de trein tegenover mij. Hoe oud zou hij zijn? Negentien, twintig? Mooi dat hij niet ergens van negen tot vijf gaat werken, zegt hij tegen zijn vriend die naast hem zit. Dat is zo 'arelaxed'. En hij gaat ook zeker niet voor een baas werken. Hij wil iets spannends doen. Wat, daar is hij nog niet helemaal uit, zo blijkt uit het gesprek dat door de hele coupé aandachtig gevolgd wordt.
In de bundel *Beroepszeer* van het Wetenschappelijk Instituut voor het CDA staat een artikel van Derk Jan Nijhoff en Barbara van der Steen van Berenschot met een titel die het gevoel van de nieuwe generatie bij werk heel aardig weergeeft: 'De baan op het witte paard'. Beide auteurs deden onderzoek naar de drijfveren en de houding ten aanzien van werk bij de nieuwe generatie werknemers van 25 tot 35. En zoals Carrie Bradshaw in *Sex in the city* continu op zoek is naar de prins op het witte paard, is ook de generatie Einstein, de screenager of generatie Y altijd op zoek naar die ene, ideale baan. Het is de

ik-generatie, de generatie bij wie de eigen ontwikkeling vooropstaat. Zelfontplooiing, het gevoel zinvol bezig te zijn en inspiratie gaan bij deze generatie vóór een hoog salaris, het vooruitzicht van een goed pensioen of überhaupt een vaste baan.

De grote behoefte zichzelf te ontwikkelen wordt versterkt door het grote aantal keuzemogelijkheden dat het leven tegenwoordig biedt. Je kunt alles worden wat je wilt, beloven de televisieprogramma's, glossy's en zelfhulpboeken, als je er maar in gelooft en er echt voor gaat. Deze keuzevrijheid wordt daarmee al snel tot een keuzeplicht: je moet er alles uithalen wat erin zit, anders heb je niet ten volle geleefd. Dit leidt bij de jonge werknemer tot keuzestress en een gevoel van continu falen. Als je hoge eisen stelt, is de kans op mislukking groot. Bij deze generatie komt de midlifecrisis niet rond het veertigste levensjaar, zoals het hoort, maar al veel eerder, rond de dertig. Dan heet het een *quarterlifecrisis*.

Is dat aanstellerij van deze generatie? Misschien. Maar het is aanstellerij die ze zich kunnen veroorloven. Want zelfs met een tijdelijke dip in de vraag naar personeel door de economische crisis zal het tekort aan personeel in de komende decennia sterk toenemen. In juni 2008, dus nog voordat de crisis in zijn volle omvang losbarst, stuurt uitzendbureau Manpower een brandbrief de wereld in met de boodschap: 'Werkgevers vrezen voor het voortbestaan van hun organisatie.' De krapte op de arbeidsmarkt zal volgens een onderzoek van Manpower de komende jaren dusdanige vormen aannemen, dat dit het functioneren van sommige organisaties, zoals ziekenhuizen en scholen, ernstig in gevaar kan brengen. Het zal leiden tot lagere winsten, minder tevreden klanten, een daling van de arbeidsproductiviteit en een stagnerende innovatie.

Dit doemscenario wordt bevestigd door een rapport van de OESO over ons land: als er niets verandert, zal Nederland moeite hebben om een gezonde economische groei te handhaven. Volgens de OESO heeft ons land al veel gedaan om de arbeidsproductiviteit te verhogen en is daar de rek wel zo'n beetje uit. Dus moet volgens de organisatie de arbeidsparticipatie omhoog. Het recept dat de OESO voorschrijft: parttimers moeten meer uren maken, de pensioenleeftijd moet omhoog en de kinderopvang moet beter toegankelijk worden. Gebeurt dat niet, dan kan ons land een pijnlijke loon-prijsspiraal verwachten en vele decennia van economische neergang. Werkgevers komen echter nog nauwelijks in actie, zo blijkt uit het onderzoek van Manpower. Weinig bedrijven hebben een strategie om de krapte aan personeel in de komende jaren op te vangen. Ze worden nu even gered door de bel van de economische dip, maar als die voorbij is, dan stevenen we af op een stevig werknemersinfarct. Werkgevers zouden, aldus het onderzoek, 'slimmer en effectiever moeten omgaan met het enorme arbeidspotentieel dat nog beschikbaar is'. Naast adviezen als onbevooroordeeld naar ouderen kijken en meer gebruikmaken van telewerk, adviseren de opstellers bedrijven om toch ook vooral de jongere generatie serieus te nemen: 'Een nieuwe generatie betreedt de arbeidsmarkt. Een generatie die heel andere eisen stelt dan de generaties die op dit moment de werkende populatie vormen. Wie met succes jonge werknemers wil werven en binden, zal zich in deze doelgroep moeten verdiepen.'

Manpower heeft dit zelf gedaan in een eerder onderzoek onder 1737 werknemers van verschillende generaties. Enkele uitkomsten die traditionele werkgevers toch stevig aan het denken zouden moeten zetten:

Voor 48 procent van de jongeren is een baan zonder uitdaging geen optie: zij vertrekken.

23,5 procent van de jongeren vertrekt als het werk niet leuk is. De rest is bereid door te werken in een baan 'die het niet helemaal is'. Maar wanneer het werkplezier lang uitblijft, zullen ook zij vertrekken.

De generatie werknemers die van huis uit gewend is mee te tellen, heeft op het werk een grote behoefte aan er- en herkenning.

De klim op de corporate ladder heeft veel van zijn glans verloren. Slechts 8 procent van de nieuwe werknemers wil de top bereiken. Het merendeel van die 8 procent gaat echter voor de inhoud van het werk, niet voor het bereiken van de toppositie zelf. Een enkeling wil nog 'ouderwets' naar de top en wordt gemotiveerd door de status en de beloning die bij zo'n positie horen.

De nieuwe werknemers willen erkend worden als persoon en

hebben moeite met hiërarchische verhoudingen. 'Ik kan niet tegen autoritaire bazen,' zegt een van de ondervraagden, een jongeman van 23 jaar oud. 'Mijn vrienden ook niet. Ik wil dat mijn mening wordt gehoord en dat mensen open en recht voor zijn raap zijn.'

'*Dear old people who run the World, my generation would like to break up with you.*' Met deze omineuze woorden opent Umair Haque, directeur van Havas Media Lab en oprichter van Bubblegen, op 8 juli 2009 zijn blog op de site van de *Harvard Business Review*. 'Elke dag,' schrijft hij, 'zie ik een groeiende kloof tussen hoe jullie en wij tegen de wereld aankijken – en wat we ervan verwachten. Ik denk dat we een onoverbrugbaar verschil van inzicht hebben.'

Wat volgt is een lange opsomming van hoe de oudere generatie tegen de wereld aankijkt, en hoe de jongere generatie dat anders ziet. 'Jullie wilden grote, vette, luie business. Wij willen kleine, alerte bedrijfjes op microschaal. Jullie veranderden politiek in een vies woord. Wij willen authentieke, intense democratie – overal. Jullie wilden financieel fundamentalisme. Wij willen een economie die zin heeft voor mensen – niet alleen voor banken. Jullie wilden aandeelhouderswaarde – gerealiseerd door stoere ceo's. Wij willen echte waarde, gerealiseerd door mensen met karakter, waardigheid en moed. Jullie wilden meer geld, krediet en leverage – om verslindend te kunnen consumeren. Wij willen groots zijn in dingen die ertoe doen.'

Zo gaat Haque nog even door, om vervolgens te constateren dat er 'een aardverschuiving plaatsvindt die het sociale, politieke en economische landschap voorgoed zal veranderen'. Hij noemt dit 'Het generatie M-manifest', waarbij de M in de eerste plaats staat voor *movement*, beweging. 'Het gaat een beetje over leeftijd – maar vooral over het toenemende aantal mensen dat zich geheel anders gedraagt. *They are doing meaningfull stuff that matters the most.* Dat zijn de tweede, derde en vierde M's... Iedereen, jong en oud, kan de uitdaging aangaan. Generatie M gaat meer over wat je doet en wie je bent dan over wanneer je bent geboren. Dus de vraag is: hoor je nog steeds in de twintigste eeuw thuis – of in de eenentwintigste?'

De blog van Haque was nog niet geplaatst of een golf van enthousiasme en herkenning waarde door de internetwereld. De reacties variëren van: '*This is the best thing I have read on the Internet since 1994!*' tot: '*I love it, and believe it.*' Daar kunnen de *old people* het mee doen.

6 | SYMPTOOM VIJF: MENTAAL VERZUIM

Een vriend van mij ontving enige tijd geleden een rekening van het energiebedrijf waarop het astronomische bedrag van 47.000 euro stond vermeld. Aangezien hij geen wietplantage op zolder had en zelfs keurig overal in huis spaarlampen had ingedraaid, besloot hij dat het om een vergissing moest gaan. Dus belde hij de klantenservice van het energiebedrijf. Na een aantal nummers ingetoetst te hebben en enkele minuten wachten kreeg hij een allervriendelijkste medewerkster aan de lijn die hem wist te vertellen dat het energiebedrijf zijn informatie ontving van de netwerkbeheerder en dat daar kennelijk een fout was gemaakt. Ze gaf hem het telefoonnummer en wenste hem nog een prettige dag toe.

Het telefoontje naar de netwerkbeheerder bracht inderdaad al snel de fout aan het licht: er was een nummertje verwisseld, waardoor mijn vriend het energieverbruik van een naburig bedrijf opgelegd had gekregen. Geen probleem, kan gebeuren, maken we in orde, kreeg hij te horen.

Daarmee was het probleem echter nog niet verholpen, zo bleek. Want er lag nog steeds een fikse rekening van het energiebedrijf en als hij die niet binnen drie weken zou betalen, zouden er sancties volgen, zo stond er dreigend op de rekening. Niks aan de hand, dacht mijn vriend nog, want die rekening berustte toch op een misverstand!? Een simpel telefoontje naar het energiebedrijf zou de klus moeten klaren. Maar nee, zo werkte het helaas niet, meldde een al even vriendelijke mevrouw van de klantenservice. Zij ontvingen hun informatie van de netbeheerder en zolang die hun geen andere informatie stuurde, diende hij de rekening gewoon te betalen. Mocht de rekening op een fout berusten, dan zou het bedrijf uiteraard het bedrag zo spoedig mogelijk terugstorten.

Maar zij begreep toch zeker ook wel dat hij niet zomaar zo'n enorm bedrag kon ophoesten? Zouden ze dan niet even zelf met de netbeheerder willen bellen? Nee, dat ging helaas niet, dat was een andere afdeling. En nee, ze kon hem niet doorverbinden. Toen mijn vriend enigszins geïrriteerd raakte en op bozige toon vroeg om doorverbonden te worden met haar leidinggevende, trok de callcentermedewerkster het boekje *Omgaan met agressie* open en verwees hem op ijzige toon op de klachtenregeling van het bedrijf. Als hij niet tevreden was over de dienstverlening van het bedrijf, diende hij dit schriftelijk te melden. 'Goedemiddag,' kapte ze vervolgens het gesprek abrupt af.

Het is uiteindelijk goed gekomen met die rekening, maar het heeft die vriend veel gezeur en tijd gekost om hem van tafel te krijgen. Het leverde hem gelukkig wel weer een lekker verhaal op bij de koffieautomaat, want daar doen dergelijke kafkaëske toestanden het altijd erg goed. Het is voor de meeste mensen heel herkenbaar, want wie heeft er niet ooit slag moeten leve-

ren met de klantenservice van een of andere grote organisatie? Vooral de *customer service*-afdelingen van energiebedrijven, telefoonmaatschappijen en ziektekostenverzekeraars scoren hoog op de ergernissenschaal. De onverstoorbare, altijd vriendelijke houding van de klantcontactmedewerker, diens stuitende gebrek aan bereidwilligheid om zich ook maar enigszins in het specifieke probleem van de beller te verdiepen, laat staan om naar een oplossing te zoeken, en het voortdurende beroep dat hij doet op de regels en de procedures, weet zelfs de meest onderkoelde, harde onderhandelaar tot wanhoop en woede te drijven.
En toch doet die callcentermedewerker weinig verkeerd.

Het probleem ontstaat in de eerste plaats doordat veel grote organisaties hun klantenservice de afgelopen jaren hebben uitbesteed aan een daarin gespecialiseerde partij. Dat levert schaalvoordelen op, zo is de gedachte, en dus is het per klantcontact goedkoper dan wanneer een bedrijf het in huis doet. Het nadeel is echter dat de *agents* weinig kennis en affiniteit hebben met het bedrijf waarvoor ze werken en zijn specifieke product of dienst. Bovendien beschikken zij vaak niet over een gemakkelijke toegang tot de verschillende afdelingen van de organisatie, waardoor het voor hen lastig is iets gedaan te krijgen voor de klant. Zeker als diens probleem niet past binnen de bestaande procedures.
Om de kosten te drukken hebben veel organisaties hun klantenservice bovendien verplaatst naar internet of weggestopt

achter een ingewikkeld keuzemenu. Gemiddeld doolt de Nederlandse consument hier maar liefst zestien minuten in rond, zo berekende Greenfield Online in opdracht van softwarebedrijf Genesys. En als hij dan eindelijk iemand aan de lijn krijgt, zo luidt de klacht, dan blijkt de klantcontactmedewerker weinig kennis van zaken te hebben of nauwelijks beslissingsbevoegd te zijn. De frustratie hierover kost het Nederlandse bedrijfsleven volgens de onderzoekers 2,4 miljard euro per jaar. Dit bedrag is opgebouwd uit gemiste omzet doordat een koop niet gesloten wordt en de kosten voor het werven van nieuwe klanten omdat bestaande klanten uit onvrede overstappen naar de concurrent.

Maar het grootste probleem lijkt fundamenteler te zijn. Dat is ook niet een probleem van alleen de klantenservice, hoewel het daar waarschijnlijk vaker voorkomt omdat deze afdeling door bedrijven nogal eens wordt gezien als kostenpost en daarom weinig aandacht krijgt. Maar ook op andere afdelingen waart het rond, als we de vele onderzoeken hierover mogen geloven. Het betreft het probleem van een afnemende betrokkenheid bij het werk.

Volgens het onderzoeksinstituut Gallup is betrokkenheid van werknemers de belangrijkste voorspeller van goede prestaties van de onderneming. Organisaties met bovengemiddeld betrokken medewerkers hebben zeventig procent meer kans op succes dan organisaties met medewerkers die minder dan gemiddeld betrokken zijn, aldus Gallup. Andersom werkt dat natuurlijk ook: organisaties met weinig betrokken medewerkers presteren aanzienlijk slechter dan gemiddeld. Aan de hand van twaalf vragen (de Q12) meet Gallup jaarlijks de betrokkenheid van ruim twaalf miljoen medewerkers in 150 landen. Hieruit komt naar voren dat gemiddeld slechts twintig procent van de werknemers echt betrokken is bij het werk, zestig procent niet of nauwelijks en de overige twintig procent inmiddels helemaal afscheid heeft genomen van de organisatie. Ze doen niet meer mee. Dat wil zeggen: fysiek zijn ze er wel, maar mentaal zijn ze met andere dingen bezig. Een aantal jaren geleden raakte voor dit verschijnsel de term 'mentaal verzuim' in zwang, een tegenhanger van het veel beter zichtbare en meetbare 'ziekteverzuim'. Mentaal verzuim is volgens de website www.mentaalverzuim.nl van het kenniscentrum voor mentaal verzuim 'verzaken datgene te doen wat goed is voor de zaak en de doelstellingen waaraan mensen zich verbinden. Met als gevolg afnemende betrokkenheid en inzetbereidheid. Wel op de zaak zijn maar daar niet meer mee bezig zijn.' Dus wel de klant te woord staan, maar niet echt bezig zijn met zijn probleem.

Uit een peiling onder leidinggevenden concludeert het kenniscentrum dat mentaal verzuim in 82 procent van de organisaties in meerdere of mindere mate voorkomt. Het mentale verzuim neemt volgens de managers bovendien toe.

Andere onderzoeken wijzen erop dat het mentale verzuim in organisaties drie tot zelfs wel acht keer zo hoog is als het ziekteverzuim. Van de 225 werkbare dagen gaan er volgens de mensen achter het kenniscentrum maar liefst 78 als nietproductief verloren en worden er nog eens 21 dagen besteed aan het corrigeren van fouten die het gevolg zijn van mentaal verzuim.

Interessant zijn de oorzaken die het kenniscentrum voor dit probleem aanwijst. Allereerst is dat de toename van de informatiestromen, die elkaar vaak tegenspreken. Ten tweede is er sprake van een toenemend bewustzijn van het individu over zichzelf en zijn omgeving. Dit wordt echter een probleem door 'een managementstijl die niet meer aansluit bij de vorige trends. Er ontstaat een spanningsveld tussen de wijze waarop een groep mensen uitstekend en gezond functioneert en de praktijk van alledag.'

Is het dan toch de schuld van de manager? Deze enigszins cryptische omschrijving van de oorzaken van mentaal verzuim zijn beter te begrijpen door er een ander onderzoek bij te pakken, in dit geval een promotieonderzoek van Fons Naus van de Universiteit van Tilburg naar organisatiecynisme. Cynisme, zo ontdekte Naus, heeft weinig te maken met persoonlijkheidskenmerken, leeftijd of opleidingsniveau, maar wordt vooral veroorzaakt door de organisatie. Het ontstaat vooral als de leiding van een bedrijf of instelling niet doet wat zij zegt te zullen doen. 'Daardoor ontstaat wantrouwen,' aldus Naus. 'Mensen voelen zich niet serieus genomen en keren zich af. Er zijn medewerkers die onmiddellijk ontslag nemen. Of als dat niet tot de mogelijkheden behoort: mentaal afscheid nemen, zoals cynici doen.'

Naus geeft in een interview met het *Financieele Dagblad* een voorbeeld uit zijn eigen carrière: 'Ik ging bij de Informatiseringsbank werken om in de avonduren te kunnen studeren. Ik wilde studenten helpen, maar de organisatie verhinderde me mijn werk goed te doen. Studiefinanciering is een complexe zaak, die je niet even uitlegt. Daar is tijd voor nodig. Die kregen we niet van het management. Daar heeft de dienstverlening ernstig onder geleden. Toch bleef men intern volhouden dat de organisatie klantgericht was. Als medewerker krijg je dan een probleem.'

Volgens Naus zijn medewerkers nog steeds op zoek naar zekerheid en binding, ook in hun werk. De band met de werkgever is echter een stuk zakelijker geworden. 'De werkgever zingt nog wel het oude lied van saamhorigheid, maar handelt er niet meer naar. Banen voor het leven worden niet meer vergeven, het gaat nu om flexibilisering. Een goede relatie met de medewerkers wordt met de mond beleden, maar heeft geen prioriteit meer.' En mensen hebben het feilloos door als woorden en daden niet met elkaar overeenkomen. 'Denk aan de topmanager die spreekt over de organisatie als een familie, maar wiens loon tegelijkertijd veel sneller stijgt dan dat van de overige medewerkers. Dergelijke situaties knagen aan het zelfbeeld, en cynisme is dan een manier om met dit spanningsveld om te gaan.'

Als klant heb je hier natuurlijk weinig mee te maken, maar misschien helpt dit je de volgende keer als je weer eens een klantcontact hebt om je rust te bewaren.

7 | SYMPTOOM ZES: ADERVERKALKING

'Vreemdgaan is goed voor de creativiteit!' Met deze ludieke boodschap probeerden *FD*-redacteur Marleen Janssen Groesbeek en Peter ten Hoopen, senior consultant bij adviesbureau Trompenaars Hampden-Turner, in de zomer van 2008 aandacht te genereren voor het Grote Creativiteitsonderzoek dat zij onder de lezers van het *Financieele Dagblad* hadden uitgevoerd. De stelling 'Flirten stimuleert mijn creativiteit' kreeg van de 850 ondervraagden het rapportcijfer 5,9, dus met enige creativiteit konden de onderzoekers concluderen dat seksuele opwinding zich vertaalt in creativiteit: 'Flirten zet alle zintuigen op scherp, jaagt het dopaminegehalte in het bloed op en brengt een gevoel van welbevinden teweeg, een enorm concentratievermogen en een cocaïneachtige high, allemaal zaken die voor creativiteit nuttig zijn.'

Om hun creativiteit te verhogen hadden de ondervraagden dus evengoed wat cocaïne kunnen snuiven, maar daarmee hadden ze dan toch het meest opmerkelijke resultaat van het onderzoek gemist. Aan creativiteit hadden de ondervraagden namelijk helemaal geen gebrek, zo bleek onder meer uit het cijfer dat ze zichzelf hiervoor gaven. Dat was met een 7,3 toch een ruime voldoende. Uit een analyse van de antwoorden concludeerden de onderzoekers weliswaar dat dit nogal positief was ingeschat, want dat de werkelijke, 'gemeten' creativiteit een punt lager lag, op 6,3. Maar: 'Reden daarvoor is dat de mensen die deelnamen aan het onderzoek flink wat obstakels aangaven voor het kunnen uiten van hun creativiteit.' Met andere woorden: de deelnemers aan het onderzoek zijn creatief genoeg, maar ze kunnen die creativiteit niet goed kwijt. En dit was zonder twijfel de opmerkelijkste en tegelijk meest verontrustende uitkomst van het onderzoek. De onderzoekers noemden het zelfs de bedrijfsparadox van de eenentwintigste eeuw: 'Terwijl ondernemingen om te overleven in deze wereld van snelle en grote concurrentie steeds creatiever en innovatiever moeten worden, is de controle op de onderneming en haar mensen door eisen van aandeelhouders en toezichthouders alleen maar groter geworden.' En creativiteit of innovatie kan nu eenmaal alleen maar gedijen in een vrije, soms wat chaotische omgeving waar mensen dingen mogen laten gebeuren. 'Maar dat doen ondernemingen, op een paar uitzonderingen na, allang niet meer. Zoals de Amerikaanse organisatieadviseur Margaret Wheatley het zegt: "De zaken die we het meest vrezen in een organisatie – fluctuaties, verstoringen en onevenwichtigheden – zijn de primaire bron van creativiteit." Het onderzoek laat zien dat er in ondernemingen meer dingen gebeuren die creativiteit en innovatie blokkeren dan bevorderen.'

Oei. Dus in weerwil van al die mooie woorden over de noodzaak tot innovatie en vernieuwing, die als een soort mantra voortdurend vanuit de directies over werknemers worden uitgestrooid, en in tegenspraak tot de vele klachten die zij uiten over het gebrek aan innovatief vermogen bij hun personeel, zijn het in feite die directies zelf die deze broodnodige innovatie tegenhouden. Ze moeten wel, want ze zijn aangesteld door aandeelhouders die één ding bijna nog belangrijker vinden dan hoge rendementen: voorspelbaarheid. En dus proberen ze elke verrassing, elke onverwachte gebeurtenis uit te bannen en de zaak volledig onder controle te houden. Zo smoren ze elke vorm van creativiteit bij voorbaat in regels, procedures en checklists.

Zo gebeurt het, zo blijkt uit het onderzoek, dat zelfs bij bedrijven die een bij uitstek creatief product verkopen, zoals reclamebureaus, de creatieve mensen niet mee mogen naar de klant. Ze zouden de klant eens tegen het hoofd kunnen stoten of boos kunnen maken met hun onaangepaste gedrag! In veel bedrijven wordt creativiteit daarom ook zo veel mogelijk geïsoleerd op een speciale afdeling, zoals de afdeling r&d, of bewaard voor bijzondere gelegenheden, zoals een sessie op de hei of een brainstorm. Daarbuiten is creativiteit niet gewenst, want gevaarlijk.

Daarmee fnuiken deze managers niet alleen het innovatievermogen van de organisatie, maar ook een van de belangrijkste behoeftes van de mens, zo stellen de onderzoekers. De mens heeft namelijk een natuurlijke drang tot groeien. Van nieuwe dingen ontdekken en vaardigheden ontwikkelen wordt hij gelukkig. 'We worden allemaal creatief geboren. Creativiteit is niets anders dan het stellen van vragen. Die onbevangenheid gaat er in de loop der jaren van af. We passen ons vrijwillig aan de norm aan of de sociale druk is zo groot dat we niet anders kunnen. Kijk naar het onderwijs. Vanaf het moment dat we als kind kunnen praten, stellen we 65 vragen per dag. Op het moment dat we met pensioen gaan, is dat teruggelopen tot zes. Blijkbaar neemt onze nieuwsgierigheid met de tijd af en onze schroom om dom over te komen toe.' Naast de school kunnen we daar nu dus ook de sociale druk en de regelzucht binnen bedrijven als boosdoener aan toe voegen.

Een mooie illustratie van deze paradox is een persbericht dat twee directeuren van De Nederlandsche Apparatenfabriek (Nedap) uit Groenlo op 17 december 2007 de wereld in sturen. 'Op grond van de wettelijk omschreven informatieverplichting melden twee leden van de directie van De Nederlandsche Apparatenfabriek Nedap NV dat tussen hen en de Raad van Commissarissen een ernstig meningsverschil is ontstaan over de toekomstige directiestructuur, die intreedt bij het afscheid van een van de huidige directeuren.' De directeur om wie het hier gaat, is Ton Westendorp, dan ruim 23 jaar topman van de bouwer van vernuftige machines zoals stemcomputers, veeherkenningssystemen en antidiefstalpoortjes. Diezelfde zomer is Westendorp door het tijdschrift *Management Team* nog uitgeroepen tot de level 5-leider van Nederland. Hij weigert bij die gelegenheid op de foto te gaan met de prijs, een schaal met inscriptie, omdat het dan 'lijkt alsof het om mij gaat', daarmee ongewild bevestigend waarom hij de terechte winnaar is van deze verkiezing van meest bescheiden bestuursvoorzitter van ons land.

In de zomer van 2008 neemt de dan vierenzestigjarige Westendorp echter afscheid, zo heeft hij afgesproken met de raad van commissarissen. Dit leek de vierkoppige raad van commissarissen wel een goed moment om wat dingen te veranderen bij Nedap. Een van die veranderingen is het invoeren van 'een op hiërarchie gebaseerd directiemodel'. Als het aan de raad van commissarissen ligt, wordt er bij Nedap na het vertrek van Westendorp net als bij andere beursgenoteerde ondernemingen gewoon een ceo aangesteld die de baas is en daarmee eindverantwoordelijk. Dit geheel tegen de wens en het advies van de zittende directie in, zo laat deze in het persbericht weten. Het zou 'een ongewenste en onaanvaardbare breuk opleveren met de structuur en de specifieke manier van leiding geven die reeds vele jaren kenmerkend is voor Nedap, en die tot het succesvolle beleid van de afgelopen jaren heeft geleid'.

Westendorp is altijd wars geweest van hiërarchie en strikte regels, omdat die de creativiteit en de betrokkenheid van het personeel alleen maar belemmeren en op termijn het einde zouden betekenen van de industrie in Nederland. Een bedrijf als Nedap kan volgens hem alleen maar in Nederland functioneren als het 'precies weet waar klanten behoefte aan hebben en hun op basis daarvan oplossingen biedt'. Die oplossingen worden doorgaans niet door de directie bedacht, maar door de mensen die in rechtstreeks contact staan met de klant. 'Het begint allemaal met de ideeën van mensen. Met hun zelfontplooiing, met de kracht van het individu. Daarvan moet Nedap het hebben.'

De ondernemingslust en vindingrijkheid die mensen van nature bezitten, wordt volgens Westendorp in veel bedrijven echter beknot door de vele regels, de doelstellingen en managers. 'In hun privésituatie kunnen en doen mensen heel veel zelf. Ze hebben hun doelen, nemen zelf beslissingen en ervaren het resultaat. Dat probeer ik bij Nedap ook te bereiken.' Dat deed hij onder meer door zijn medewerkers als volwassenen te behandelen en hun de ruimte te geven, zo vertelt hij in een van de spaarzame interviews die hij tijdens zijn carrière gaf: 'Je stimuleert creativiteit door als leidinggevende je mensen los te laten. Ik geef mensen gerichte verantwoordelijkheid. Maar wij willen als Nedap wel dat we betekenis hebben voor onze klant. Daartoe moet iedereen in dit bedrijf weten wat de klant wil. Erheen dus.' En: 'We moeten bestaande patronen loslaten, dan kunnen we scheppend bezig zijn. Je komt er niet meer met mechanistisch denken. Dat hoorde bij het begin van de industriële periode, niet bij de huidige tijd. Alles is open, dat is de nieuwe tijd.'

Westendorp heeft het gelijk van de resultaten aan zijn kant. Het bedrijf ontwikkelde niet alleen de ene innovatieve machine na de andere, het groeide ook nog eens als kool. In de ruim 23 jaar dat Westendorp aan het roer van Nedap stond, explodeerde de omzet van het bedrijf uit Groenlo van 37,6 miljoen gulden (17 miljoen euro) naar 145 miljoen euro. De winst groeide van 2,2 miljoen gulden (1 miljoen euro) naar 14,3 miljoen euro. In dezelfde periode steeg het personeelsbestand van 241 naar 626 man. En het aandeel Nedap rendeerde op de beurs maar liefst tweeduizend procent beter dan de AEX. Niets aan veranderen dus. Zo luidde ook de conclusie van een extern onderzoek naar het bestuursmodel uit 2002, waarnaar het persbericht verwijst.

Het mocht allemaal niet baten. Het persbericht leidde tot een klein relletje in de media, maar uiteindelijk trokken Westendorp en zijn mededirecteur Willem Badenhop aan het kortste eind. Westerdorp vertrok in maart 2008, zes maanden eerder dan afgesproken. Een jaar later vertrok Badenhop. In de zomer van 2009 maakte de nieuwe directie van Nedap, onder leiding van ceo Ruben Wegman, bekend dat het zich door de moeilijke marktomstandigheden gedwongen zag zestig banen in Groenlo te schrappen. De economische crisis had volgens het bedrijf voor een sterke omzetdaling en een teruggang in de hoeveelheid productiewerk gezorgd. De directie wilde daarom 'versneld een groot deel van de productieactiviteiten in Groenlo beëindigen'. De directie is momenteel met de vakbonden in overleg over een sociaal plan.

8 | SYMPTOOM ZEVEN: GELDZUCHT

Woensdag 20 januari 2010 breekt er een licht zonnetje door het donkere wolkendek van de Nederlandse economie. Op die dag maakt de Veldhovense chipmachinefabrikant ASML als eerste van de AEX-fondsen zijn jaarcijfers over 2009 bekend. En hoewel het bedrijf over heel 2009 een verlies leed van 151 miljoen euro, konden ceo Eric Meurice en zijn financiële man Peter Wennink de persconferentie afsluiten in een buitengewoon positieve sfeer. In het vierde kwartaal maakte ASML namelijk weer een gezonde winst van 50,5 miljoen, zo deelden zij mee. Dit had het bedrijf weten te realiseren door aanzienlijke kostenbesparingen, maar het was volgens Meurice ook een teken dat de mondiale economie zich weer enigszins aan het herstellen is. De chipmachinemaker, die als een soort weermannetje als eerste de stand van de economie voorspelt, zag zijn orderboek groeien naar een indrukwekkende 1,85 miljard euro.

Meurice en Wennink hadden nog iets anders om verheugd over te zijn. Dankzij goed rekenwerk van *Volkskrant*-journalist Xander van Uffelen wordt enkele weken later bekend dat de top van ASML over 2009 een fors hogere beloning tegemoet kan zien. Topman Meurice bijvoorbeeld zag zijn totale inkomen in 2009 met 77 procent stijgen naar 3,2 miljoen euro, zo becijferde Van Uffelen. Dit wordt deels veroorzaakt door een flinke stijging van de beurskoers van het aandeel ASML, maar tevens door een aanpassing van de criteria van de bonus door de raad van commissarissen. 'Wij hebben een doelstelling geformuleerd zodat het bestuur gestimuleerd werd het bedrijf door de moeilijke omstandigheden heen te loodsen,' aldus commissaris Jos Westerburgen hierover. 'Als die doelen gehaald worden, wordt die beloning toegekend.' Vakbonden en linkse politici schreeuwen echter moord en brand. Zij wijzen erop dat ASML over heel 2009 nog steeds verlies heeft gemaakt en dat het bedrijf zelfs gebruik heeft moeten maken van de regeling voor deeltijd-WW. Dit kostte de Nederlandse belastingbetaler 15 miljoen euro, zo berekende de SP. In tegenstelling tot de top krijgt het personeel vanwege het verlies bovendien geen enkele bonus uitgekeerd. De vakbonden en de werkgevers in de Metalelektro, waartoe ASML wordt gerekend, hebben kort geleden zelfs een nieuwe cao afgesloten waarin een minimale loonstijging is afgesproken. 'De sfeer onder onze leden is om te snijden,' zegt Jean-Marie Severijns van CNV Vakmensen in *de Volkskrant*. Commissaris Westerburgen zegt in dezelfde krant dat het misschien lastig uit te leggen is, maar 'als de bestuurder doet wat in het belang is van het bedrijf, is een beloning ook gerechtvaardigd'. En over de beloning van de werknemers gaat hij niet.

Hebben we dan niets geleerd van de economische crisis die

vanaf 2008 over de wereld raast? Gaan we, nu de economie de eerste tekenen van herstel vertoont, gewoon weer over tot de orde van de dag? En hollen we met zijn allen in nog hogere vaart af op de volgende afgrond, die zich alweer aftekent?

De vraag stellen is hem beantwoorden. ASML heeft zijn plank uit het zand weten op te graven en maakt zich op om mee te surfen op de volgende woeste golf. En zelfs in de bankenwereld, op Wall Street, in de City en op onze eigen Zuidas, die toch door velen als de aanstichters van de huidige crisis worden beschouwd, worden de slingers alweer uit de kast gehaald voor het komende bonussenfestijn. Drie keer schieten, altijd prijs! De bonussen op Wall Street zijn alweer op het niveau van 2007, zo niet hoger. Bij Goldman Sachs, de zakenbank met de grootste bonuspot, trekken ze zich de woede van de Amerikaanse bevolking gelukkig wel aan. De bankiers geven een aanzienlijk deel van hun bonus aan een goed doel: maar liefst vier procent.

De bonus heeft de huidige crisis misschien niet veroorzaakt, hij is er wel het symbool van geworden. De simpelste verklaring voor het ontstaan van de crisis is dat bankiers door de enorme prestatiebeloning die hun in het vooruitzicht werd gesteld, onverantwoorde risico's namen en financiële producten, waaronder hypotheken, verkochten aan mensen zonder vaste inkomsten van wie ze konden weten dat zij het geleende geld nooit zouden kunnen terugbetalen. Om een optimaal rendement op deze zogenoemde subprime hypotheken te behalen werden ze vervolgens gebundeld in pakketten en doorverkocht aan banken. Deze gaven weer schuldpapieren uit, collateralized debt obligations (cod's), waarmee ze het risico dachten te kunnen spreiden, maar toch ook nog een mooi extra rendement konden pakken. De adder kwam onder het gras vandaan toen de subprime zijn ware karakter toonde: aan het begin weinig rente, die echter snel oploopt tot ongekende hoogte. Toen de eerste gezinnen niet meer aan hun verplichtingen konden voldoen en uit hun huis werden gezet, stortte het hele systeem als een kaartenhuis in elkaar. De oplossing ligt dan ook voor de hand: geen hypotheken meer verkopen aan mensen die zich dat niet kunnen veroorloven. Of beter nog: helemaal geen financiële producten meer aanbieden die we zelf niet snappen of die niet in het belang van de klant zijn. Klaar. Opgelost. Dat was niet zo netjes van ons, we zullen het niet meer doen.

Was het maar zo simpel. Konden we maar volstaan met het verbieden van een paar ingewikkelde financiële producten en de belofte van bankiers om zich voortaan fatsoenlijk te gedragen. Maar achter deze simpele verklaring loeren grotere en fundamentelere krachten die heel wat moeilijker te temmen zijn. Zo is daar bijvoorbeeld de kracht van de globalisering en de toegenomen wederzijdse afhankelijkheid van de internationale financiële markten. En de kracht van de mythe van economische groei, die politici dwingt stimuleringsmaatregelen te treffen bij economische tegenwind, ook al biedt de schatkist daarvoor nauwelijks of zelfs helemaal geen ruimte. De

Verenigde Staten bijvoorbeeld leven al sinds de oliecrisis in 1973 op de pof en het is volgens een aantal economen slechts een kwestie van tijd totdat de dollar definitief valt.

Maar er is ook de kracht van het aandeelhoudersdenken, dat bedrijven en managers heeft aangezet dingen te doen die niet in het belang waren van de klant, de werknemer of het bedrijf. Een goed voorbeeld hiervan is uitgeefconcern VNU (Verenigde Nederlandse Uitgeverijen), dat in een poging zijn aandeelhouders tevreden te stellen – en dus hogere rendementen te bieden – zichzelf uiteindelijk opblies. Dat begon met de verkoop van de laagrenderende dagbladen en de aankoop van het Amerikaanse onderzoeksbureau Nielsen. Vervolgens werd ook de tijdschriftentak aan de dijk gezet en wilde de directie zich volledig toeleggen op marketinginformatie, internetrating en kijk- en luisteronderzoek. Een overname van de farmaceutische informatiehandelaar IMS Health werd door een aantal activistische aandeelhouders geblokkeerd, waarop topman Rob van den Bergh aftrad en VNU werd ontmanteld. Het grootste deel van het bedrijf gaat tegenwoordig door het leven onder de naam The Nielsen Company. Wat er nog restte aan uitgeefactiviteit, werd verkocht aan de Britse investeerder 3i en heet tegenwoordig VNU Media.

Wat dit voorbeeld van VNU aantoont, en overigens door tientallen andere voorbeelden gestaafd kan worden, is dat een eenzijdige focus op de belangen van de aandeelhouder vaak desastreus uitpakt voor klanten, werknemers en de onderneming zelf. De bonus, die zeker in de top vaak direct of indirect gekoppeld is aan de waarde van het aandeel van de onderneming, versterkt dit effect. Die bonus is namelijk het voornaamste instrument van de aandeelhouders om de top bij de les te houden. Dat wil zeggen: om hun belangen te behartigen. En hun belang is simpel: winstmaximalisatie. En wel nu!

Kilian Wawoe is een jongeman van 36 met het typische uiterlijk van een bankier: strak in het pak, een brede, lichte stropdas en lichtbruine, Italiaanse schoenen. Hij formuleert rustig en precies. De bankier kwam ruim een jaar geleden in het nieuws vanwege zijn felle kritiek op prestatiebeloning. 'Bonussen moet je afschaffen,' zei hij destijds, 'als ik de conclusies van mijn onderzoek serieus neem.' Wawoe is op dat moment – we schrijven oktober 2008 – bezig met een proefschrift over bonussen. Hij onderzocht daarvoor de effecten van beloningssystemen bij vier banken. Zijn conclusie: variabele beloningen werken niet. Sterker nog: een bonus heeft zelfs een sterk corrumperend effect: 'Hoe kan een hypotheekverkoper in Ohio een oma van 85 vragen een hypotheek opnieuw af te sluiten? Dat doet hij louter om een verkoopbonus te incasseren. En neem die handelaar Jérôme Kerviel, die bijna de Franse bank Sociéte Générale te gronde richtte. Hij deed enkel wat in zijn bonusregeling was afgesproken: risico's nemen.'
Overal waar werknemers een wortel wordt voorgehouden, ontstaat volgens Wawoe een botsing tussen het eigen belang en het belang van het bedrijf. 'Chirurgen gaan fouten maken

als ze worden afgerekend op het aantal operaties. En wat denk je van voetballers? Als Van Persie en Robben een ton kunnen verdienen met een doelpunt, spelen ze de bal niet meer af. Ook in het onderwijs wordt gedacht aan bonussen. Ik zeg: alstublieft, doe het niet.' Bonussen kennen een aantal problemen, zegt Wawoe. Allereerst is het volgens hem zo goed als onmogelijk om bij een complexe taak een deugdelijke variabele beloning op te stellen. Ten tweede vindt bijna iedereen zich beter dan zijn collega's en vindt dus ook bijna iedereen dat hij recht heeft op een hogere bonus. Een derde probleem is dat we het niet graag zeggen als iemand slecht presteert. Ten slotte de meest onthutsende uitkomst van Wawoes onderzoek: niet de prestatie is bepalend voor de hoogte van de bonus, maar de persoonlijkheid van de werknemer. 'Wie ondernemend, assertief en dominant is en zijn eigen belang centraal stelt, weet een hogere beloning te bemachtigen.'
Een keiharde case dus tegen de variabele beloning, die wat Wawoe betreft zo snel mogelijk dient te worden afgeschaft. Hij heeft echter een probleem. Wawoe is naast promovendus aan de Vrije Universiteit in Amsterdam ook senior personeelsmanager bij ABN Amro. Een goede voedingsbodem voor zijn kritiek op bonussen, zou je zeggen, want als ze ergens even genoeg zouden moeten hebben van bonussen, dan is het wel bij De Bank. Niets is echter minder waar. Op 4 januari 2010 maakt Wawoe bekend dat hij opstapt bij de bank uit onvrede over de bonuscultuur. 'Ik ben ervan overtuigd dat je bonussen moet verbieden. Dan kan ik niet nog een jaar aan het circus

meedoen, als ik mezelf serieus neem tenminste.' De nieuwe eigenaar van ABN Amro, minister van Financiën Wouter Bos, heeft de bonussen voor de top weliswaar gemaximeerd op zestig procent van het vaste salaris, maar in ruil daarvoor krijgt die top dan gewoon een hoger vast salaris. 'De minister van Financiën heeft zich geen scherp onderhandelaar getoond,' aldus voormalig personeelchef Pauline van der Meer Mohr hierover voor de commissie-De Wit, die de oorzaken van de kredietcrisis onderzocht. Haar opvolgster, Caroline Princen, reageert als door een wesp gestoken: 'Waarom moet ik een persoonlijk offer brengen?'

Niets geleerd dus. Het systeem is nog steeds dood- en doodziek. Mijn schoonmoeder, een eenvoudige vrouw met alleen lagere school, ziet het scherper dan al die slimme, geleerde bankiers bij elkaar: 'Ik loop al twintig jaar langs de deuren voor de Hartstichting om te schooien voor een paar centen. Door weer en wind. En dan gaat zo'n directeur er met zeven ton vandoor! Echt schandalig. Ik merk dat mensen minder geven, alleen daarom. En ik geef ze geen ongelijk. Ik kan het in elk geval niet meer uitleggen.'

9 | TAYLOR EN DE ZELFSTANDIGE DEMENTE BEJAARDE

Een eersteklas pig-iron handler, *een werkman die gietijzer van een grote hoop raapt en in een treinwagon enkele meters verderop gooit, kan per dag 48.260 kilo gietijzer rapen. Hij loopt dan met een snelheid van 0,85 meter per seconde naar de wagon, die gemiddeld op een afstand van 11 meter staat. Daar doet hij dus 13 seconden over. Hij gooit het gietijzer in de wagon en loopt vervolgens op zijn dooie akkertje terug naar de hoop. Om effectief te zijn mag hij namelijk maar 42 procent van zijn werktijd het gewicht van het gietijzer torsen. De overige 58 procent van de tijd moet hij 'vrij zijn van enige last' om te kunnen herstellen. Dat betekent dat hij per werkdag van tien uur 252 minuten gietijzer draagt en 1156 keer heen en weer loopt van de hoop naar de wagon. Voor dit zware werk ontvangt hij 3,9 dollarcent per ton, ofwel 1,85 dollar per dag.*

Dit bijna hilarisch aandoende verslag van de wetenschappelijke metingen die Frederick Winslow Taylor (1856-1915) aan het einde van de negentiende eeuw verrichtte bij de Bethlehem Steel Company in Pennsylvania, betekent de geboorte van het moderne management. Taylor was in 1898 begonnen bij de staalfabriek en was meteen aan de slag gegaan met het meten van de prestaties van de *pig-iron handlers*. Op een veld naast de staalovens lag ruim 80.000 ton van dit halffabricaat. De prijzen voor gietijzer waren in de voorgaande jaren zo laag geweest, dat het niet met winst kon worden verkocht. Daarom was het op een grote hoop gegooid naast de fabriek, in afwachting van betere tijden. Door het uitbreken van de Spaanse oorlog tussen Spanje en de Verenigde Staten steeg de prijs voor gietijzer en loonde het de moeite om de zware stukken ijzer van het veld te laten rapen en in een treinwagon te laden. Dit was voor Taylor een uitgelezen kans om de leiding van het staalbedrijf te overtuigen van de effectiviteit van zijn wetenschappelijke managementmethode, zelfs voor het meest eenvoudige werk als het rapen en verplaatsen van zware stukken ijzer.

In zijn eerste metingen ontdekte Taylor dat de gemiddelde dagproductie van een sjouwer op iets meer dan 12,5 ton lag, ver onder wat een eersteklas werknemer op een dag kon verplaatsen. Voor deze 12,5 ton kregen de werknemers 1,15 dollar per dag. Na zorgvuldige en dagenlange observatie van de 75 *pig-iron handlers* op het veld kozen Taylor en zijn assistent één man uit van wie ze zeker wisten dat hij fysiek in staat was om 48 ton gietijzer per dag te rapen en vroegen hem of hij misschien 1,85 dollar per dag wilde verdienen. Daar had deze serieuze Pennsylvania Dutchman, die Taylor de naam Schmidt geeft, wel oren naar. Het enige dat hij daarvoor moest doen, zei Taylor, was de opdrachten van zijn manager exact opvolgen. 'Als hij zegt dat je moet lopen, dan loop je; als hij zegt dat je moet gaan zitten, dan ga je zitten. En je spreekt hem niet tegen.' En zo ontdekte Taylor, met de stopwatch in de hand, dat zelfs de beste en sterkste *pig-iron handler* maar 42 procent van de tijd belast kan worden om niet oververmoeid te raken. Als hij dat doet, dan houdt hij het moeiteloos vol en gaat hij aan het einde van de dag fluitend naar huis.

Taylor toonde nog iets anders aan. Hij bewees met zijn experiment dat zelfs een eenvoudige activiteit als het rapen en verplaatsen van zware stukken gietijzer een wetenschap is die je tot in de perfectie kunt ontwikkelen. Het volstaat niet om deze activiteit over te laten aan de werkmannen, die wellicht beschikken over de nodige ervaring, maar niet over het inzicht en de intelligentie van een geschoolde manager. Door middel van een zorgvuldige selectie van de beste werkmannen, het verrichten van uitvoerige metingen en observaties van hun activiteiten en een intensieve, dagelijkse begeleiding hiervan is deze manager in staat om hun productiviteit met vele tientallen procenten te verhogen. En daar profiteert iedereen van, meende Taylor. De fabriek draait meer omzet, de eigenaar maakt meer winst, en de werkmannen verdienen meer geld.

Tegenwoordig staan Frederick Winslow Taylor en zijn wetenschappelijke managementmethode in een kwaad daglicht. Dat is denk ik niet helemaal terecht. De Amerikaan had het hart op de goede plek. Hij wilde meer welvaart voor iedereen, zowel voor de werkgever als voor de werknemer. Hij zag een groot deel van het potentieel van de Amerikaanse industrie verloren gaan door inefficiënte werkmethodes en daar wilde hij met zijn wetenschappelijke aanpak verandering in brengen. Hij heeft met die aanpak ook een belangrijke en positieve bijdrage geleverd aan de professionalisering van het management van fabrieken. En je kunt gerust stellen dat wij er zonder Frederick Taylor niet zo warmpjes bij hadden gezeten hier in het Westen.

Maar zijn theorieën zijn nu wel uitgewerkt, zeker in het Westen. Dat heeft mede te maken met die welvaart, waardoor wij ons kunnen veroorloven om het meeste van dat zware werk dat Taylor in zijn boeken beschrijft uit te besteden aan landen waar die welvaart nog lang niet zo groot is. Of we schaffen machines aan, die dit werk sneller, beter en goedkoper kunnen doen. Wat hier vooral overblijft, is het intelligentere werk: oplossingen bedenken, nieuwe combinaties maken, kennis opbouwen en delen. Daardoor vervalt een van de belangrijkste stellingen van Taylor: dat de simpele werkman de begeleiding nodig heeft van de intelligentere, hoger opgeleide manager. Die werkman is tegenwoordig niet meer zo simpel, en in veel gevallen zelfs hoger opgeleid dan de gemiddelde manager.

Maar er is meer. Taylor was een groot voorstander van arbeidsdeling – tussen werkman en manager en tussen werkmannen onderling. Door zich te specialiseren in een bepaalde taak zou een werkman, mits goed begeleid door een manager, daar steeds beter in worden, zo meende Taylor. Dat is misschien waar, maar hij hield daarbij weinig rekening met de menselijke behoefte om zich te ontwikkelen en nieuwe dingen te leren. Mensen zijn geen machines die je dag in dag uit hetzelfde trucje kunt laten doen, want dan stompen ze af. Mensen hebben bovendien behoefte aan zin: een idee waar hun leven en werk toe dient en wat hun bijdrage is aan het grotere geheel. Als je taken heel erg opsplitst en iedereen slechts een deeltaakje geeft, raakt de werknemer het zicht kwijt op zijn individuele bijdrage aan dat geheel.

Een laatste – en wat mij betreft grootste – bezwaar tegen de principes van het wetenschappelijke management is het idee dat de manager de werkman intensief moet begeleiden bij het verrichten van zijn taken. Hij plant de werkzaamheden heel precies en tot op de minuut nauwkeurig en geeft de werkman zeer specifieke instructies over de manier waarop deze ze dient uit te voeren. Het grote nadeel hiervan is dat die werkman zelf niet meer hoeft na te denken. Sterker nog: hij mág zelf niet meer nadenken, want dat doet de manager voor hem.

In de voorgaande hoofdstukken heb ik zeven symptomen beschreven waaruit naar mijn mening blijkt dat de organisatie zoals we die nu kennen dood- en doodziek is. Die organisatie leidt aan: zwaarlijvigheid, beroepszeer, vrije radicalen, groeistuipen, mentaal verzuim, aderverkalking en geldzucht. De belangrijkste veroorzaker van al deze kwalen is tot nu toe echter nog grotendeels buiten beeld gebleven: de manager. Niet de manager als persoon, maar de manager als instituut, als functie in het geheel. Die manager heeft in een organisatie zeker een functie, die ook niet per definitie negatief is. Soms is het goed, zeker in grote, complexe organisaties, dat iemand de leiding neemt. Iemand moet de coördinatie van al die verschillende taken tenslotte op zich nemen.

Het is echter de vraag of de manager daar de aangewezen persoon voor is. Omdat die taken zo complex geworden zijn, is er steeds meer kennis en ervaring vereist om ze in goede banen te kunnen leiden. Dan kom je er niet meer met een algemene opleiding bedrijfskunde en een MBA. Dan zul je zelf in het vak moeten zijn opgeleid en opgegroeid.

De manager heeft bovendien nog een aantal nadelen die langzamerhand belangrijker zijn geworden dan de voordelen. Allereerst kost een manager veel geld. Door de managementhype van de jaren negentig van de vorige eeuw zijn de salarissen en bonussen van managers dusdanig de pan uit gerezen, dat ze niet meer in verhouding staan tot hun toegevoegde waarde voor de organisatie. Een mooie illustratie hiervan gaf Arne van der Wal, tot voor kort hoofdredacteur van het economische weekblad *Fem Business*. Toen uitgeverij Reed Business in september 2009 bekendmaakte te stoppen met het weekblad, stelde een teleurgestelde Van der Wal in *de Volkskrant* dat er nog wel degelijk kansen waren geweest voor een doorstart. Bij een kleinere uitgeverij zouden de kosten tenslotte een stuk lager zijn dan bij een groot concern als Reed Elsevier, betoogde hij: 'Je betaalt als kleine titel mee aan de overhead- en IT-kosten van het hele bedrijf. En je draagt bij aan de bestuurszetels in Londen en in Amsterdam en aan de bonussen voor het management.'

Een ander groot nadeel van de manager is dat hij bijna automatisch een enorme bureaucratie veroorzaakt. Managers worden aangesteld om te managen, om de boel een bepaalde richting op te sturen. Daar worden ze voor betaald. Om dat voor elkaar te krijgen, maken ze afspraken met hun medewerkers of vaardigen ze regels uit voor de manier waarop zij willen dat er gewerkt gaat worden. Om de voortgang van hun plannen vervolgens in de gaten te kunnen houden, verrichten zij allerlei metingen en voeren ze controles uit. Met verantwoording afleggen is op zich niks mis, maar het kost wel tijd en leidt af van het echte werk. Bijkomend probleem is dat managers die geen verstand hebben van het vakgebied dat ze geacht worden te managen, niet goed weten wat ze moeten meten. En dus gaan ze soms de meest onzinnige dingen bijhouden, zoals het aantal keren dat iemand naar het toilet gaat of hoeveel telefoontjes een verkoper per dag pleegt.

Managers vormen extra leemlagen en dat maakt de besluitvorming traag. Elke vraag, elk idee of elk plan moet via de daarvoor aangewezen kanalen worden afgehandeld en dat betekent dat zij vele bureaus moeten passeren. Omdat iedereen druk is, in vergadering of toevallig op vakantie, vreet deze manier van besluitvorming ongelooflijk veel tijd – tijd die organisaties niet meer hebben in deze periode van snelle veranderingen.

Het belangrijkste bezwaar van de manager is echter dat hij

zijn medewerkers hun betrokkenheid en zelfredzaamheid ontneemt. Om dit punt goed duidelijk te maken wil ik graag een uitstapje maken naar een verzorgingshuis voor dementerende ouderen in Weesp. Het zal ergens rond 1998 zijn geweest dat ik daar als freelance journalist een bezoek bracht voor een artikel in een tijdschrift voor de gezondheidzorg. In de meeste verpleeghuizen wordt goed voor deze mensen gezorgd. Ze worden op tijd gewekt, gewassen en aangekleed en krijgen op tijd hun natje en hun droogje. Zelf hoeven ze eigenlijk de hele dag niets te doen, behalve zich af en toe verplaatsen naar de recreatiezaal waar een of andere activiteit voor hen wordt georganiseerd.

In Weesp deden ze het echter anders (en inmiddels geldt dat voor veel verpleeghuizen). Hier mochten de ouderen zelf een boodschapje doen in een ouderwets winkeltje dat de leiding speciaal voor dit doel had ingericht. Ze mochten onder begeleiding zelf de piepers jassen en het vlees braden. Ze mochten zelf hun kleren wassen en strijken. En als er een knoop van een overhemd af was, dan mochten ze die er zelf weer aannaaien. De directrice met wie ik een gesprek had, legde uit dat het vooral voor dementerende ouderen belangrijk is dat ze zo actief mogelijk blijven en hun oude routine volgen. 'In de zorg hebben we de neiging om zo goed mogelijk voor deze mensen te zorgen,' zei ze. 'Om hun dingen uit handen te nemen. Maar op het moment dat je mensen dingen uit handen neemt, laten ze het gewoon uit hun handen vallen. Dan kunnen ze helemaal niets meer zelf.'

En zo is het ook met werknemers: als zij een manager hebben die hun precies vertelt wat ze moeten doen, dan doen ze dat, maar ook geen stap meer. En als ze iets geregeld willen of een probleem hebben, gaan ze niet zelf een oplossing bedenken, maar stappen ze naar hun manager toe en verlangen van hem dat hij het even voor hen oplost. 'Daar ben jij toch voor! Daar krijg jij toch die vette bonus en auto van de zaak voor! Nou, laat maar zien dan.'

Daarom denk ik dat de manager zal uitsterven. We hebben hem niet meer nodig. Medewerkers zijn prima in staat om zichzelf te managen. Sterker nog: dat kunnen ze vaak beter en sneller en het is nog een stuk goedkoper ook. Mede dankzij moderne technologieën als pc, internet en mobiele telefoon zijn ze meer dan ooit 'empowered' om hun werk grotendeels zelfstandig te doen zonder de intensieve begeleiding van de manager van Taylor.

Deze trend naar meer zelfsturing van medewerkers en minder managers wordt onder meer bevestigd door een onderzoek van de Universiteit van Maastricht uit 2008. In de periode van 2000 tot 2005 nam het aantal managers met ruim een kwart af. Volgens professor Andries de Grip van het Researchcentrum voor Onderwijs en Arbeidsmarkt (ROA) van de universiteit is hiermee een einde gekomen aan de managementhausse van de jaren negentig. En deze trend zet zich genadeloos door: bij grote concerns als Unilever en Shell verdwijnen momenteel hele managementlagen en krijgen medewerkers meer ruimte en zeggenschap.

De grote vraag is echter: kunnen we wel zonder? Is een organisatie zonder managers in deze complexe, snel veranderende wereld überhaupt denkbaar? En hoe ziet zo'n organisatie er dan uit? Buurtzorg Nederland laat zien dat het kan en geeft ook een idee van hoe je zo'n organisatie zonder managers zou kunnen inrichten. Maar waarom zijn er dan zo weinig organisaties als Buurtzorg? Ik denk omdat het moeilijk is. Het is nieuw, het is onbekend, maar het is vooral heel hard werken. Buurtzorg Nederland laat echter zien dat het de moeite loont, dat het leidt tot tevreden, gemotiveerde medewerkers, blije klanten en lagere kosten.

In het tweede deel van dit boek ga ik op zoek naar meer voorbeelden van organisaties die het doen zonder of met veel minder managers dan gebruikelijk. Organisaties die hun medewerkers veel ruimte geven om hun werk te doen zoals zij denken dat goed is. Ik begin mijn zoektocht in een van de meest complexe organisaties die er volgens mij bestaan: het ziekenhuis. Al decennialang proberen managers deze organisatie in hun greep te krijgen. Maar dan krijgen ze te maken met zeer eigenzinnige professionals die zich echt niet de wet laten voorschrijven: vrijgevestigde specialisten. Een strijd die de managers bij voorbaat verliezen.

DEEL II

Een zoektocht naar de nieuwe organisatie

Waardoor is het leven ontstaan? De Belgisch-Russische Nobelprijswinnaar Ilya Prigogine opperde een interessante theorie als antwoord op deze vraag der vragen door het ontstaan van leven in verband te brengen met zelforganisatie. Volgens deze theorie zou de bouwsteen van het leven (RNA en DNA) niet bij toeval zijn ontstaan, maar vanuit een proces van zelforganisatie waarbij steeds ingewikkeldere moleculen zich vormden tot uiteindelijk het RNA en DNA. Bij dit proces stimuleren onderdelen van het netwerk van moleculen elkaars productie (katalyse), waarbij een steeds grotere diversiteit en complexiteit van moleculen ontstaat. Ook bij de ontwikkeling en sturing van complexe organisaties lijkt zelforganisatie een steeds grotere rol te spelen.

Leidinggeven aan professionals? Niet doen!, schreef Mathieu Weggeman in 2008. Het boek werd prompt Managementboek van het Jaar. Volgens de hoogleraar Organisatiekunde moet je hoogopgeleide kenniswerkers, zoals wetenschappelijk medewerkers of medisch specialisten, niet proberen te sturen of te managen, maar kun je ze beter alleen maar faciliteren. 'Echte professionals doen liever iets goed dan fout,' meent Weggeman.

Daar heeft hij natuurlijk gelijk in, maar hoe doe je dat dan, dat faciliteren? Hoe richt je een organisatie zo in dat die professionals zo goed mogelijk hun werk kunnen doen? En hoe zorg je ervoor dat die professionals ook hun verantwoordelijkheid nemen voor de organisatie en hun collega's? Want daar ontbreekt het nog wel eens aan. Ze verwachten van de organisatie dat die alles voor hen regelt. En als iets niet goed geregeld is, eisen ze op hoge toon dat 'iemand' daar dan voor moet zorgen. Maar omgekeerd zijn ze zelden bereid om iets voor de organisatie of voor collega's te doen. Dit verwijt maakt oud-NAVO-generaal Jan Willem Brinkman in het volgende hoofdstuk onder meer medisch specialisten in het ziekenhuis.

Daar ben ik dus eerst gaan kijken, in het ziekenhuis. Niet alleen omdat ik er toch al was vanwege een herniaoperatie, maar ook omdat het volgens mij een van de meest complexe organisaties is die er bestaan. Dankzij die generaal stuitte ik vervolgens op een oud commandosysteem uit het Pruisische leger dat nog niets van zijn waarde lijkt te hebben verloren.

10 | ONDER HET MES

Het is een woensdagavond in april, een uur of zeven. Ik zit op bed in een eenpersoonskamer in het Sint Lucas Andreas Ziekenhuis in Amsterdam-West en eet een verlate boterham met kaas als de neuroloog de kamer binnenkomt. Hij vraagt hoe het nu gaat. Ik vertel hem dat de uitvalsverschijnselen steeds duidelijker worden en hij knikt ernstig. Morgen zal ik hoe dan ook worden geopereerd, verzekert hij mij, maar hoe laat kan hij nu nog niet zeggen. Ik zeg dat ik al blij ben dat het allemaal zo vlot is gegaan. De dag daarvoor was ik bij de huisarts langsgegaan met vage klachten aan mijn rug. Die verwees mij door naar de neuroloog, waar ik tot mijn verbazing de volgende ochtend al terecht kon. Omdat de neuroloog het niet vertrouwde, stuurde hij me door naar de röntgenafdeling voor een MRI-scan. Hier was ik vrijwel meteen aan de beurt en nog geen uur later zat ik alweer bij de neuroloog, die een acute hernia constateerde en mij met spoed liet opnemen. En daar zat ik dan, nog geen tien uur na de eerste afspraak met de neuroloog en slechts anderhalve dag na mijn bezoek aan de huisarts. Je hoort zoveel negatieve berichten over de zorg, zeg ik tegen de neuroloog, over lange wachtlijsten en dat je voor elk onderzoekje apart een afspraak moet maken. 'Dan doen jullie het hier fantastisch,' zeg ik. 'Dat komt,' reageert de neuroloog met een lachje, 'omdat wij het zelf zo hebben

georganiseerd. Daar laten we geen manager tussen komen.'
De opmerking van de neuroloog blijft nog lang in mijn hoofd rondspoken. Wat bedoelde hij daar nou precies mee? Was het zo'n opmerking zoals je die tegenwoordig zo vaak hoort, namelijk dat het allemaal de schuld is van de manager? Dat die manager de professional het leven zuur maakt, met zijn spreadsheets, regeltjes en controlezucht, en het ziekenhuis heeft gereduceerd tot een veredelde koekjesfabriek? Of krijgen de neuroloog en zijn collega's in dit ziekenhuis echt de ruimte om hun werk te doen zoals zij denken dat het goed is? Vele maanden later en inmiddels hersteld van de operatie meld ik mij opnieuw aan de balie van het Lucas, zoals het ziekenhuis in de volksmond heet. Deze keer vraag ik echter niet naar een arts, maar naar Sjon Buijs, hoofd voorlichting. Even later word ik op de negende verdieping bij de lift opgehaald door een lange man met een dun baardje die zich voorstelt met: 'Hi, ik ben Sjon.' Buijs gaat mij voor door de lange gangen, langs de kamers van de directie naar een volgepakt kamertje in een van de verste hoeken van het gebouw met uitzicht op de A10. Aan de muur hangen de bouwtekeningen van een nieuwe vleugel en na wat *small talk* over de kredietcrisis en de gevolgen daarvan voor de bouwplannen van het ziekenhuis, vertel ik Buijs over mijn ervaring in zijn ziekenhuis. Hij lacht over de opmerking van de neuroloog en vertelt dat het geen eenzijdige actie van een paar specialisten is die de bemoeienis van managers met hun werk zat zijn, maar een uitvloeisel van landelijk beleid. 'Het is een voorbeeld van

hoe wij proberen om de zorg rond de patiënt te organiseren. Dus dat hij niet drie keer terug moet komen, maar binnen een paar uur het hele traject doorloopt en dan te horen krijgt of hij een hernia heeft of niet en wat de vervolgstappen zijn. Hetzelfde hebben wij bijvoorbeeld op de mammapoli gedaan, dus voor vrouwen met een knobbeltje in de borst. Je begrijpt dat het voor die vrouwen ook prettig is om meteen te horen of ze al dan niet borstkanker hebben en niet weken op de uitslag hoeven te wachten. Het is vooral een logistieke operatie, die past binnen het landelijke actieprogramma Sneller beter. Daarmee wil je niet alleen voorkomen dat mensen drie keer terug moeten komen, maar ook dat er wachtlijsten ontstaan of dat patiënten wondinfecties oplopen waardoor ze langer in het ziekenhuis moeten liggen. Dat regelen de artsen zo veel mogelijk onderling, hoewel er vaak toch wel een regelneef is die zorgt dat het draait. Een secretaresse bijvoorbeeld, of een hoofdverpleegkundige.'

Volgens Buijs is niet alleen zijn, maar vrijwel elk ziekenhuis in het land op zoek naar de ideale organisatievorm. Het Sint Lucas Andreas, het product van een fusie tussen twee ziekenhuizen in Amsterdam-West, rondt op het moment dat ik hem spreek een pilot af voor de inrichting van vijf bedrijfseenheden. Aan het roer van elk van deze eenheden staan een manager én een medisch specialist. 'De verantwoordelijkheid ligt dan meer bij de medici,' zegt Buijs, die er meteen aan toevoegt dat sommige ziekenhuizen ook al weer terugkomen van deze organisatievorm in businessunits. 'Veel artsen merken dat het toch wel heel veel werk is. En niet iedere chirurg is een goede manager.'

Het is echter de vraag of dat noodzakelijk is. De meeste artsen weten heel goed hoe zij hun werk efficiënter kunnen inrichten, en met een paar goede afspraken met andere afdelingen is dat vaak ook eenvoudig te realiseren. Ze krijgen van de organisatie echter zelden de ruimte om dat te doen, constateert Aysel Erbudak, voorzitter van de raad van bestuur van het Slotervaartziekenhuis. Erbudak nam in 2006 met haar bedrijf Meromi Holding het zo goed als failliete Amsterdamse ziekenhuis over, waarmee het Slotervaartziekenhuis het eerste commerciële ziekenhuis van ons land werd. Binnen een jaar wist Erbudak de rode cijfers om te buigen in een kleine winst, niet door alleen nog maar lucratieve ingrepen uit te voeren, zoals critici van marktwerking in de zorg vaak vrezen, maar vooral door de betrokkenheid en vrijheid van de medewerkers te bevorderen. 'We hebben er bewust voor gekozen om een breed ziekenhuis te blijven met een eigen opleiding en een eigen onderzoeksafdeling. Waarom? Omdat de ontwikkelingen in de zorg zo snel gaan, dat je continu moet blijven vernieuwen. Ik geloof niet dat het denken vanuit de industrie, dus specialisatie in een beperkt aantal taken, in de zorg opgaat. Dan richt je bijvoorbeeld een kniestraat in en word je het grootste knieziekenhuis van Amsterdam. Dat wordt dan een soort lopendebandwerk, wat misschien wel efficiënt lijkt, maar alleen op de korte termijn goed werkt. Denk je dat het voor een arts motiverend is om twintig knieën per dag af te werken? Waar zit voor hem dan nog de uitdaging? En bovendien: wat doe je als de knieën op zijn? Een goed voorbeeld zijn hart- en vaatziekten, lange tijd doodsoorzaak nummer één. Maar door betere medicijnen en door preventie worden er steeds minder hartoperaties uitgevoerd. Je zult je als ziekenhuis maar hebben gespecialiseerd in dergelijke operaties, dan heb je toch een probleem.'

Je moet, vindt Erbudak met andere woorden, de organisatie de ruimte geven om zich te ontwikkelen. In de meeste organisaties is die ruimte er niet of onvoldoende, vooral door de grote afstand tussen de directie en de werkvloer. 'De meeste raden van bestuur van ziekenhuizen hebben geen idee wat er speelt op de werkvloer. Ze zijn vooral extern gericht en hebben zich omringd door enorme stafafdelingen, lagen van managers onder zich en heel veel dure adviseurs. Dat is dodelijk voor de betrokkenheid en de motivatie van de medewerkers. Die hebben namelijk geen enkele invloed meer op de manier waarop ze werken. Daardoor ontstaat er een soort onverschilligheid en dat is dodelijk en ook doodzonde. Er zitten zoveel verborgen juweeltjes in organisaties, mensen kunnen vaak veel meer dan ze mogen. Veel mensen snakken dan ook naar een omgeving waarin ze hun ideeën en creativiteit kwijt kunnen. Het enige dat daarvoor nodig is, is een directie die bereid is om naar hen te luisteren.'

Dat is wat Erbudak de hele dag doet, vertelt ze in haar rokerige kamer op de tweede verdieping van het ziekenhuis: vragen stellen en luisteren. 'Wat doe je, waarom doe je dat zo en denk je dat het beter kan?' De meeste mensen gaan dan helemaal bruisen. Je moet ze vervolgens wel belonen door ook echt iets met hun ideeën te doen of hun de ruimte te geven dat zelf te doen.'

Het is een model dat heel bewerkelijk is, verzucht Erbudak, vooral omdat zij zich met vrijwel alles binnen de organisatie bemoeit. Specialisten hoeven zich niet meer bezig te houden met managementtaken en ook de clustermanagers zijn afgeschaft, waardoor de raad van bestuur rechtstreeks de verschillende afdelingen aanstuurt. 'Ik zie mezelf als een facilitator die samenhang aanbrengt en voorstellen toetst. De échte ideeën komen van de mensen zelf.'

Is dit model, dat Erbudak voor het Slotervaartziekenhuis ontwikkelde, ook toepasbaar op andere ziekenhuizen? Erbudak denkt zelf (uiteraard) van wel. Het is volgens haar zelfs toepasbaar op elke andere organisatie. Critici menen echter dat Erbudak het bij het Slotervaartziekenhuis relatief gemakkelijk heeft gehad. Het ziekenhuis stond op de rand van de afgrond en het was voor het personeel dit of sluiting. Bovendien zijn de artsen bij het Slotervaartziekenhuis in loondienst, terwijl veel andere ziekenhuizen maatschappen kennen die over het algemeen veel lastiger zijn aan te sturen.

Wat dat betreft is het jammer dat het personeel van de eveneens zo goed als failliete IJsselmeerziekenhuizen in Lelystad en Emmeloord zijn zin niet heeft gekregen. Dat wilde namelijk dat Erbudak de ziekenhuizen zou overnemen, een wens die door de raad van toezicht werd afgewezen omdat Erbudak het advies van onderzoeker Léon Lodewick weigerde op te volgen. De IJsselmeerziekenhuizen zijn de overtreffende trap van complex, en diverse (interim-)bestuurders hebben hun tanden erop stuk gebeten. Allereerst zijn de ziekenhuizen het product van een fusie tussen twee ziekenhuizen die weinig met elkaar gemeen hadden. Tussen beide ziekenhuizen ligt 35 kilometer asfalt en een hoge brug die voor veel patiënten een onneembare psychologische drempel vormt. De politiek en de Inspectie voor de Gezondheidszorg achtten de verzorgingsgebieden van beide ziekenhuizen echter te klein om twee volwaardige ziekenhuizen te rechtvaardigen en kozen daarom voor een gedwongen fusie, waarbij Lelystad de hoofdvestiging zou zijn en Emmeloord een dependance.

Veel artsen in Emmeloord zagen dit echter niet zitten en weigerden samen te werken met collega's in Lelystad of patiënten door te sturen. De verschillende bestuurders, die hun uiterste best deden om de fusie tot een succes te maken, hadden nauwelijks machtsmiddelen omdat de artsen in Emmeloord als vrije ondernemers in een maatschap werkten. Het enige dat de bestuurders vaak nog restte, was de samenwerking met de maatschap opzeggen. Maar de artsen begonnen daarop gewoon hun eigen kliniek op een steenworp afstand van het ziekenhuis en namen hun patiënten mee.

Zo ontstond er voor de IJsselmeerziekenhuizen geleidelijk een negatieve spiraal van een gebrek aan goede artsen, steeds minder patiënten en dus financiële tekorten, die uiteindelijk uitmondde in de gedwongen sluiting van de operatiekamers in Emmeloord en het bijna faillissement. Achteraf is gebleken dat diverse visitatiecommissies de kwaliteit van de zorg in de ziekenhuizen beneden de maat hebben bevonden, maar daar zijn nooit echt consequenties aan verbonden.

Mede naar aanleiding van incidenten zoals in de IJsselmeerziekenhuizen bracht de Raad voor de Volksgezondheid & Zorg in maart 2009 een stevig advies uit, waarvan de belangrijkste boodschap luidde: versterk de positie van de bestuurders ten opzichte van die van de specialisten. 'Raden van bestuur kunnen hun verantwoordelijkheid voor de kwaliteit van de zorg nu vaak niet waarmaken,' zo lichtte de voorzitter van het adviesorgaan Rien Meijerink het advies toe in *de Volkskrant*. 'Dat komt door de opstelling van medisch specialisten. Het bestuur krijgt vaak geen inzicht in rapportages over de kwaliteit die door visitatiecommissies worden gemaakt. Als de raad van bestuur daar toch om vraagt, krijgt hij ruzie met de specialisten. Dan zeggen specialisten het vertrouwen op, en moet de directie vertrekken. Dat verklaart waarom directeuren in de zorg zo snel hun biezen moeten pakken.'

In 2008 vertrokken tachtig directeuren van zorginstellingen, zo bleek uit een inventarisatie van dezelfde krant. De gemiddelde houdbaarheid van ziekenhuisdirecteuren is slechts 2,8 jaar. Dit kost de zorg handenvol geld: in 2008 keerden Nederlandse zorginstellingen in totaal 20 miljoen euro aan ontslagvergoedingen uit. De Raad voor de Volksgezondheid

& Zorg wil dit probleem vooral aanpakken door de juridische positie van de Orde van Medisch Specialisten te veranderen. Meijerink: 'Zodat die dwingende voorschriften kan uitvaardigen. Bijvoorbeeld dat de rapportages van visitatiecommissies over het functioneren van specialisten ook naar de raad van bestuur gaan, waardoor die specialisten kan aanspreken op hun functioneren. De specialisten kunnen dan bijscholen of, in het uiterste geval, vertrekken.'
Herre Kingma, van 2000 tot 2006 inspecteur-generaal bij de Inspectie voor de Volksgezondheid, zegt het in *NRC Handelsblad* nog scherper: 'Specialisten hebben grote, professioneel vastgelegde bevoegdheden en klinische verantwoordelijkheden, maar dragen geen verantwoordelijkheid voor het bedrijf waarvan ze de spil vormen. Dat is de grote lacune in de wijze van besturing van het ziekenhuisbedrijf.'

'Het ziekenhuis als organisatie is onderontwikkeld,' analyseert Jan Willem Brinkman, oud-generaal van de NAVO en interim-bestuurder in de zorg. Brinkman werd in 2002 aangetrokken om de IJsselmeerziekenhuizen weer op de rit te krijgen. Bij zijn vertrek in 2004 was de situatie stabiel en lag er een gedetailleerd plan van aanpak waar sindsdien weinig mee is gebeurd, vertelt Brinkman in zijn jarendertighuis in Wassenaar. Hij verwijt zichzelf dan ook weinig, maar had graag gezien dat het anders was gelopen.
Na deze hectische periode in de polder besloot Brinkman het een tijdje rustiger aan te doen en een proefschrift te schrijven

over de organisatie van de zorg: *Dynamiek en onzekerheid als kans*. Brinkman trekt hierin de vergelijking met het leger, dat volgens hem veel verder ontwikkeld is dan het ziekenhuis. 'Eigenlijk is er sinds de negentiende eeuw in de zorg weinig veranderd: de medisch specialist werkt nog steeds zelfstandig en voor eigen rekening. Vroeger deed hij dat thuis, maar op een bepaald moment ontdekte hij dat het toch wel handig was om samen met andere specialisten in één gebouw te zitten. Dan had je wat meer collegiaal contact en kon je allerlei faciliteiten zoals bedden, verpleging en apparatuur delen. Ziekenhuizen werden in de loop van de tijd groter en groter, maar het idee bleef hetzelfde. Maar in tijden van marktwerking wreekt zich dat, want dan moeten ziekenhuizen snel kunnen inspelen op veranderingen. Dat gaat dus niet met zo'n organisatie.'

De neiging bestaat, zo weet Brinkman uit zijn periode bij Defensie, om in een complexe en onzekere omgeving zo veel mogelijk van bovenaf te regelen en dicht te timmeren. Deze 'bureaucratische reflex' wordt in ziekenhuizen nog eens versterkt door de houding van de specialisten, die bijna automatisch naar het management wijzen als er iets misgaat of niet goed werkt. 'Maar je kunt in dynamische en complexe situaties niet alles in de top regelen. Sterker nog: je moet dan juist zo veel mogelijk overlaten aan de mensen die er middenin zitten. Dan maak je namelijk optimaal gebruik van het unieke menselijke talent om doelgericht te handelen en te improviseren.'

Dit is, vertelt de oud-generaal, zoals het moderne leger tegenwoordig opereert. De luitenant die met zijn eenheid Kamp Holland in Uruzgan verlaat, heeft niet alleen de beschikking over de meest uitgebreide ondersteuning, hij heeft ook de vrijheid om zelfstandig beslissingen te nemen en naar bevind van zaken te handelen. Dit vraagt echter wel van de luitenant of de specialist in het ziekenhuis om de verantwoordelijkheid te kunnen en te willen dragen. Dat gaat in het ziekenhuis niet altijd van harte, zo heeft Brinkman ondervonden. 'Specialisten worden nog heel erg medisch opgeleid, maar andere zaken, zoals het managen van zorgprocessen, goed om kunnen gaan met patiënten en informatieverzorging, worden steeds belangrijker.'

Het pleidooi van Brinkman lijkt in grote lijnen al overgenomen in het Sint Lucas Andreas Ziekenhuis en door Erbudak in het Slotervaartziekenhuis: de primaire processen overlaten aan de specialisten en een kleine top, die vooral een regiefunctie heeft. Een kwestie van kopiëren dus naar andere ziekenhuizen? Zo simpel is het niet, zo ondervond Brinkman zelf in Bosnië. 'Het goed toepassen van een intelligent besturingssysteem of mission command, zoals we dat in het leger noemen, vergt nogal wat van een organisatie. Het vraagt om een intelligente top, die in staat is om weerstand te bieden aan de politieke leiding. De handelingsvrijheid moet ingebakken zitten in de organisatie. Leidinggevenden moeten streng geselecteerd worden, vooral op zelfstandigheid en op de bereidheid om initiatieven te nemen. De organisatiestructuur moet heel flexibel zijn. En de cultuur moet innovatief zijn. Al die voorwaarden waren in Bosnië niet aanwezig. We kenden de theorieën wel, maar we hadden ze niet verinnerlijkt. Daarom ging het ook zo gruwelijk mis in Srebrenica.'

Het Nederlandse leger heeft hier veel van geleerd, zegt Brinkman, en in Uruzgan gaat het daarom veel beter. De belangrijkste les is dat het in de genen van de organisatie moet zitten. 'Dat is een zaak van lange adem, dat verander je niet van vandaag op morgen.'

Mijn ervaring in het Sint Lucas Andreas Ziekenhuis is in elk geval hoopgevend. En oh ja, de operatie is geslaagd en de patiënt leeft hopelijk nog lang en gelukkig.

11 | EEN KANSLOZE MISSIE

Op de avond van 11 juli 1995 wordt de commandant van de Nederlandse VN-vredesmacht in Srebrenica, luitenant-kolonel Thom Karremans, ontboden in hotel Fontana in Bratunac. Rond een uur of negen betreedt de lange, besnorde militair samen met sergeant Rave een slecht verlichte, rokerige kamer van het hotel. In de kamer ontwaart Karremans een zestal officieren van het Vojska Republike Srpske, het Bosnisch-Servische leger. Hij stelt zichzelf voor als de commandant van Dutchbat, waarop een van de officieren fel een aantal Servische zinnen uitspreekt, die door de tolk worden vertaald als: 'You are not a commander. You are nothing. I am in charge here.'
Het duurt enkele minuten voordat de Nederlandse militairen doorhebben dat het Ratko Mladić is die zo tegen hen van leer trekt. Wie, zo wil de Servische generaal op hoge toon van de Nederlanders weten, heeft opdracht gegeven 'zijn soldaten te vermoorden'? Mladić doelt daarmee op de luchtaanvallen die diezelfde middag, na lang aandringen van Karremans, hebben plaatsgevonden. Karremans ontkent eerst elke verantwoordelijkheid, maar verdedigt zich even later onder het spervuur van Mladić met een slap uitgesproken excuus dat hij handelde uit zelfverdediging.
De bijeenkomst met Karremans en Mladić wordt gefilmd. De

beelden zullen later de wereld over gaan als bewijs voor het slappe optreden van de Nederlandse militairen in de moslimenclave Srebrenica. We zien een onzekere en vermoeide Karremans die duidelijk geïntimideerd is door de schreeuwende en tierende Servische generaal. Na het verwijt van Mladić dat het Westen en 'vooral die Van den Broek van jullie' de eenheidsstaat Joegoslavië om zeep heeft geholpen door de verschillende bevolkingsgroepen tegen elkaar op te zetten, mompelt Karremans dat hij slechts de uitvoerder is. *'Don't shoot the piano player.'* Waarop Mladić hem scherp toevoegt dat hij dan een waardeloze pianist is.

Na de val van Srebrenica, de moslimenclave in Bosnië-Herzegovina die door de Verenigde Naties tot *safe area* was uitgeroepen en onder bescherming stond van de Nederlandse vredesmacht Dutchbat, werden naar schatting achtduizend jongens en -mannen vermoord. Deze grootste genocide sinds de Tweede Wereldoorlog vormt een gitzwarte bladzijde in de geschiedenis van Nederland en van het Nederlandse leger. Het Nederlands Instituut voor Oorlogsdocumentatie (NIOD), dat de toedracht van het drama later onderzocht, legt de verantwoordelijkheid voor het drama in hoofdzaak bij de Nederlandse regering en de militaire top, die Dutchbat met een onduidelijk mandaat en volstrekt onvoldoende bewapend naar de enclave stuurden. Op 16 april 2002 trekt het tweede paarse kabinet hieruit zijn conclusies en biedt zijn ontslag aan de koningin aan.

Maar er was meer aan de hand dan alleen een verkeerde politieke beslissing. Uit dezelfde studie van het NIOD en andere reconstructies komt naar voren dat de organisatie van het Nederlandse leger en Dutchbat in het bijzonder helemaal niet was voorbereid op en toegerust voor een moeilijke vredesoperatie in een chaotisch en explosief gebied als Srebrenica. Het Nederlandse leger bevond zich midden in een grootschalige reorganisatie en bezuinigingsoperatie. De veranderde politieke realiteit die was ontstaan na de val van de Muur in 1989 en de ineenstorting van het communisme hadden de visie op de rol en de functie van het defensieapparaat drastisch veranderd. In plaats van een groot zogenaamd 'staand leger' dat het Westen moest verdedigen tegen een vijand uit het Oosten, diende het Nederlandse leger te worden omgevormd tot kleine, gespecialiseerde interventie-eenheden die snel overal ter wereld konden worden ingezet om de vrede te bewaren. Het paradepaardje van dit leger nieuwe stijl was de luchtmobiele brigade, een eenheid bestaande uit een aantal bataljons lichte infanterie aangevuld met een helikopterbrigade. Toen de beslissing viel om deze brigade in te zetten voor de verdediging van Srebrenica, was zij nog in opbouw en werden er door middel van spotjes op televisie zelfs nog soldaten voor geworven.

Wat de militaire top en de politiek zich destijds onvoldoende realiseerden, was dat vredesoperaties heel andere eisen stellen aan de organisatie en de vaardigheden van een leger en zijn manschappen dan wanneer het leger een vijand uit het Oosten moet tegenhouden. Die vijand was grotendeels bekend bij de militaire top: men kende de eenheden, de generaals, de bewapening en de werkwijze en iedereen wist in grote lijnen wat hem te doen stond. Er waren uitgebreide protocollen en handboeken opgesteld door de NAVO voor elk denkbaar scenario en die waren uitentreuren doorgesproken en geoefend. Maar bij vredesoperaties is alles anders. Allereerst is het terrein waarop de vredesmacht moet opereren lang niet zo bekend als de Noord-Europese hoogvlakte waar de toenmalige vijand uit het Oosten werd verwacht. Bij vredesoperaties bestaat de taak van de militairen ook niet uit het bevechten van een duidelijk herkenbare vijand, maar uit het ontwapenen en uit elkaar houden van twee of meer strijdende partijen. Daar tussendoor loopt dan nog de lokale bevolking, die de bescherming geniet van de blauwhelmen, maar van wie vaak niet duidelijk is aan welke kant ze staat en of ze geen kwaad in de zin heeft. Een complicerende factor daarbij is vaak het cultuurverschil tussen de bevolking en de militairen van de vredesmacht, waardoor de communicatie sterk wordt bemoeilijkt. De politieke gevoeligheid van de missie is meestal groot: bij het minste of geringste incident kan de vredesmacht worden beschuldigd van partijdigheid en kan de vlam in de pan slaan. Deze gevoeligheid wordt nog eens versterkt door de aanwezigheid van media en hulpverlenende organisaties (ngo's) in het gebied. Elk incident, ieder slachtoffer, zeker die aan de kant van de vredesmacht, wordt breed uitgemeten in de media en uitgebreid besproken in de politiek. De publieke opinie in Nederland staat vaak wel achter 'onze jongens' en hun missie, maar de meeste Nederlanders vinden een dodelijk slachtoffer aan Nederlandse zijde moeilijk te accepteren. Voeg daarbij het vaak omvangrijke gebied waarover de blauwhelmen moeten waken en hun relatief geringe aantal, en het wordt duidelijk dat een vredesoperatie veel tact, vindingrijkheid en zelfdenkend vermogen van de aanwezige militairen vraagt.

In de container die dienst doet als wachthok, zit een militair een tijdschrift te lezen. Als hij mij in het oog krijgt, legt hij zijn lectuur rustig neer en kijkt mij verveeld aan. 'Mijn naam is Ben Kuiken,' zeg ik door het rondje in de ruit, 'ik kom voor professor Vogelaar.' De militair pakt de telefoon, draait een nummer en zegt tegen de persoon aan de andere kant van de lijn: 'Ik heb bezoek voor u.' Na een korte knik legt hij de hoorn weer neer en zegt kortaf: 'U mag doorlopen. Kamer 2.13.' Hij wijst naar het gebouw op de achtergrond. Ik heb even de neiging om te salueren, maar bedenk me gelukkig op tijd en loop na een gemompeld 'dank u wel' snel door.
'De Nederlandse krijgsmacht staat grofweg voor een drietal uitdagingen,' doceert professor Ad Vogelaar even later in zijn werkkamer in een van de vele gebouwen van de Koninklijke Militaire Academie in Breda. 'Allereerst mensen, militairen, zover krijgen dat ze in gevaarlijke situaties hun werk blijven doen. De natuurlijke neiging van mensen is om te vluchten voor gevaar, maar van militairen verwachten we dat ze het

gevaar juist opzoeken. Maar dat doen ze alleen als aan een aantal voorwaarden is voldaan. Om er een te noemen: ze moeten blind kunnen vertrouwen op de groep waar ze deel van uitmaken. Ze moeten ervan uit kunnen gaan dat iedereen weet wat hij moet doen op het moment dat het spannend wordt.'

Ik wil een vraag stellen, maar de professor gaat door met zijn verhaal: 'De tweede uitdaging is het gevaar van normvervaging. Aan de ene kant wil je dus een sterk groepsgevoel creëren, aan de andere kant brengt dat het risico mee dat de groep zijn eigen regels en normen gaat hanteren. Juist in deze tijd van de alomtegenwoordige media ligt de krijgsmacht onder een vergrootglas en wordt alles breed uitgemeten. Dus daar moet je zeer alert op zijn. Daarom besteden wij hier veel aandacht aan ethiek,' zegt hij terwijl hij met zijn handen om zich heen wijst.

'Ten slotte is er de uitdaging om flexibel te opereren in een groot en onoverzichtelijk gebied en in onvoorspelbare situaties, zoals tijdens vredesmissies vaak het geval is. Dat betekent dat je beslissingen laag in de organisatie moet nemen, want als je wacht totdat je toestemming hebt van de hoogste commandant in de *operations room* (*ops-room* in militaire jargon), ben je meestal te laat en is de kans om bijvoorbeeld enkele taliban te ontwapenen verkeken. Het blijkt echter dat met name hogere commandanten moeite hebben om verantwoordelijkheden en beslissingen te delegeren naar lagere officieren in het veld. Er is altijd wel een reden om niet te delegeren.'

Vogelaar onderzocht samen met zijn collega Eric-Hans Kramer de toepassing van de *mission command*-doctrine tijdens vier Nederlandse vredesmissies in Bosnië-Herzegovina in de jaren negentig, waaronder die van Dutchbat in Srebrenica. *Mission command* is het commandosysteem dat officieren op verschillend niveau de ruimte geeft om beslissingen te nemen op basis van hun eigen inzichten en afhankelijk van de specifieke situatie die zich voordoet, maar wel binnen de algemene richtlijnen en intenties van de hogere leidinggevende en van de missie. Het gaat ervan uit dat in een onoverzichtelijke, snel veranderende en gecompliceerde omgeving niet elke situatie kan worden voorzien. Het oude, hiërarchische model van *command and control* werkt dan niet meer, want het kost te veel tijd om elke beslissing af te stemmen met de hogere commandant, en deze kan bovendien onmogelijk de situatie ter plaatse goed inschatten. Dus zal hij de beslissing moeten overlaten aan zijn ondergeschikte ter plaatse en erop moeten vertrouwen dat deze in zijn geest en volgens zijn intentie handelt.

Maar hoewel *mission command* binnen de NAVO en dus ook binnen het Nederlandse leger formeel beleid is, werd er door de verschillende Nederlandse eenheden in Bosnië niet of nauwelijks naar gehandeld, zo vonden Vogelaar en Kramer. Uit een analyse van interviews met zowel soldaten als officieren blijkt dat de verantwoordelijke commandanten de touwtjes strak in handen hielden. Zo dienden patrouilles exact volgens de orders van de hogere commandant in de *operations room* te worden uitgevoerd, ook als de patrouillecommandant daar het nut niet van inzag of dacht dat een andere route meer informatie zou kunnen opleveren. De patrouilles werden nauwgezet gevolgd vanuit de ops-room en de lagere officier liep altijd het risico dat zijn beslissing zou worden teruggedraaid door zijn meerdere. Zo werd een sergeant die zojuist had besloten een moslimstrijder te ontwapenen, vanuit de operations room teruggefloten en bevolen de plek onmiddellijk te verlaten. Dit leidde tot grote frustraties en op termijn tot desinteresse bij de militairen in het veld.

'Om mission command goed te kunnen uitvoeren, moet aan een aantal voorwaarden worden voldaan,' vertelt Vogelaar. 'Allereerst moet er autonomie van handelen zijn. Dus de lagere officier moet zelfstandig beslissingen kunnen nemen. Ten tweede moeten de doelstellingen van de missie voor iedereen duidelijk zijn. Daarnaast dienen de militairen te beschikken over voldoende middelen om hun taak goed te kunnen uitvoeren. En tenslotte moet er voldoende onderling vertrouwen zijn. In Bosnië werd eigenlijk aan geen van deze voorwaarden voldaan.'

Volgens Vogelaar heeft het Nederlandse leger veel geleerd van het drama in Srebrenica en gaat het in Uruzgan op het oog een stuk beter. Hij denkt dat Defensie ook wel moet, want los van de aard van vredesoperaties die een flexibel optreden noodzakelijk maakt, is de jongere generatie officieren volgens hem ook minder bereid om domweg orders uit te voeren. Een aanjager van deze ontwikkeling is mogelijk de komst van mobiel internet in het leger, waardoor eenheden in het veld buiten de *ops-room* om contact met elkaar kunnen opnemen. 'Maar *mission command* moet in je systeem zitten, je moet ermee zijn grootgebracht. Het duurt dus nog wel even voordat alle commandanten er vertrouwd mee zijn. En vergeet niet: het is ook lastig om te delegeren als jij zelf eindverantwoordelijk bent. Als het namelijk misgaat, kijkt iedereen naar jou: had je niet meer procedures moeten invoeren, had je er niet meer bovenop moeten zitten? Die reflex zie je ook in de maatschappij, bijvoorbeeld na de brand in Volendam. Wat we moeten leren, is dat het ook mis kan gaan als je wél de touwtjes strak in handen hebt.'

Terwijl de trein het station van Breda uitrijdt, denk ik na over de woorden van Vogelaar. De parallellen tussen de ontwikkeling waar het leger middenin zit en de vraagstukken waar 'burgerorganisaties' mee worstelen, zijn opmerkelijk. Een chaotische, snel veranderende en onoverzichtelijke omgeving kennen we in het bedrijfsleven en bij andere organisaties ook. En er zijn steeds meer mensen die inzien dat we het daarin niet redden met nog meer procedures en voorschriften en almaar uitgebreidere controles door een uitdijend leger van managers. We zullen meer gebruik moeten maken van de inventiviteit en creativiteit van mensen. Die mensen willen dat ook; ze willen serieus genomen worden in hun vakkundigheid en ze willen gebruikmaken van hun denkvermogen. Doen we dat niet, dan haken ze af. Dat is wat er momenteel massaal gebeurt: mensen beginnen voor zichzelf, of haken mentaal af – ze zijn er wel, maar geestelijk zijn ze ergens anders.

Zou *mission command* ook iets zijn voor gewone organisaties? En hoe ziet dat er dan uit? Uit het verhaal van Vogelaar begrijp ik dat het nog niet zo gemakkelijk is om het goed uit te voeren en dat er zoals zo vaak veel ruimte zit tussen theorie en praktijk.

In tegenstelling tot wat de Engelstalige woorden suggereren, is het principe van *mission command* geen Amerikaanse, maar een Duitse vinding, zo ontdek ik later. In Duitsland heet het *Auftragstaktik* en het was een van de redenen waarom het Duitse leger aan het begin van de Tweede Wereldoorlog Europa zo snel onder de voet kon lopen.

De oorsprong van de *Auftragstaktik* ligt feitelijk in het jaar 1806. Op 14 oktober van dat jaar leed het Pruisische leger onder aanvoering van koning Friedrich Wilhelm III bij Jena een vernietigende nederlaag tegen het Franse leger van Napoleon. Het zou de Pruisen voor jaren van het Europese toneel werpen, maar vormde tevens de aanleiding voor een aantal baanbrekende hervormingen van de Pruisische staat en van het Pruisische leger, die het later tot een van de sterkste naties van Europa zou maken. De Pruisen keken vol bewondering naar de grote flexibiliteit van de napoleontische legers en realiseerden zich dat het in de moderne oorlogsvoering weinig zin had om te werken met tot in detail uitgewerkte strijdplannen.

Daarvoor was de chaos op het slagveld te groot. Zoals de latere chef van de generale staf, Helmuth von Moltke (1800-1891), het uitdrukte: 'Geen enkel plan overleeft het contact met de vijand.' Ook had het volgens Von Moltke weinig zin om de troepen centraal aan te sturen, want daarvoor ontbrak het de bevelhebber zowel aan overzicht als aan voldoende tijd. En dus diende de onderofficier zelfstandig beslissingen te nemen op basis van zijn inschatting van de situatie en in lijn met het doel van de missie: 'Het zou verkeerd zijn als hij zou moeten wachten op orders in tijden dat er geen orders gegeven kunnen worden. Zijn acties zijn het meest productief als hij handelt binnen de intenties van zijn meerdere.'

Het is binnen deze doctrine van de *Auftragstaktik* (of beter: *Führung durch Auftrag*, omdat het een leiderschapsmodel is en geen tactiek) dus van het grootste belang dat de onderofficier goed op de hoogte is van de doelstellingen van de missie. Het 'wat' moet hem duidelijk zijn, het 'hoe' mag hij zelf invullen. Dat stelt hoge eisen aan de onderofficieren, die zowel initiatiefrijk als creatief moeten zijn. En hogere officieren moeten op hun beurt zeer terughoudend zijn met ingrijpen op detailniveau, omdat dit niet alleen het eigen initiatief van de onderofficier ondermijnt, maar ook diens geloofwaardigheid bij zijn manschappen.

Met name in de periode na de Eerste Wereldoorlog hebben de Duitse strijdkrachten dit systeem verder geperfectioneerd. Door een bepaling in het vredesverdrag van Versailles mocht het Duitse leger niet meer dan honderdduizend man tellen, waaronder vierduizend officieren. Dat noodzaakte de legerleiding om zeer selectief te zijn in het aannamebeleid. Vanaf 1926 maakte het leger bij de selectie van officieren gebruik van psychologische tests en een tweedaagse assessment. Officieren die werden aangenomen, doorliepen een opleiding van twee jaar en drie maanden, waarbij ze onder meer werden begeleid door een coach, een oudere officier die hun de kneepjes van het vak bijbracht. Er werd veel en intensief geoefend, waarbij de officieren zij aan zij stonden met de gewone soldaten. Dit om het groepsgevoel te versterken en om vertrouwen te kweken. De vaardigheid om het vertrouwen van de manschappen te winnen en te behouden werd gezien als een van de belangrijkste eigenschappen van een officier. Tijdens de Tweede Wereldoorlog streden de Duitse officieren met hun mannen in de frontlinie. Dit leidde tot relatief grote verliezen onder officieren, maar had een geweldig effect op het moreel van de troepen.

Uit analyses van gevechten tijdens de Tweede Wereldoorlog blijkt dat de Duitse Wehrmacht op alle fronten betere prestaties leverde dan de legers die hen uiteindelijk versloegen. Zo was de Duitse gevechtseffectiviteit in de periode 1943-1944 nog altijd twintig tot dertig procent hoger dan die van de Amerikanen en de Britten. Een individuele Duitse soldaat maakte vijftig tot tachtig procent meer slachtoffers dan zijn geallieerde tegenstander. Aan het oostfront lag de Duitse gevechtseffectiviteit zelfs op tweehonderd procent. Dat betekent dat één Duitse divisie was opgewassen tegen drie Sovjetdivisies. Het was alleen door een troepenovermacht dat het Duitse leger uiteindelijk werd verslagen.

Moet je je voorstellen dat je je organisatie zo kunt inrichten dat je twee keer zo effectief bent als je directe concurrent. Oké, de vergelijking is misschien een beetje misplaatst gezien de vele miljoenen slachtoffers die de Tweede Wereldoorlog heeft geëist, maar wat als je die kracht nou eens voor vreedzame doelen zou kunnen inzetten? In ziekenhuizen bijvoorbeeld, of bij de politie. Als je daar maar een kwart van de effectiviteit van het Duitse model zou kunnen bereiken, dan wordt iedereen daar al heel erg blij van. En uiteindelijk gaat het dan om zoiets simpels als het beter benutten van het menselijk denkvermogen en creativiteit.

Wat het Nederlandse voorbeeld in Srebrenica ook duidelijk maakt, is dat het nog niet zo gemakkelijk is in te voeren. In theorie omarmde het Nederlandse leger de *mission command*-doctrine, maar in de praktijk bleven hogere officieren hun troepen toch vooral op de oude manier aanvoeren. Het systeem moet dus eigenlijk in de haarvaten van de organisatie zitten, zo blijkt. Het vraagt ook nogal wat van de organisatie. Het vraagt om een intelligente top, die terughoudend is met ingrijpen op detailniveau en die erkent dat zijn beslissingen niet per definitie beter zijn dan die van de mensen in het veld. Het vraagt om een strenge selectie van leidinggevenden, die initiatiefrijk en creatief moeten zijn, maar die vooral ook persoonlijkheid en karakter moeten hebben. Het vraagt om leidinggevenden die naast in plaats van boven de manschappen staan en zich dus geen privileges (auto van de zaak, hoge bonussen, eigen kamer met vijf ramen) veroorloven. Het vraagt om een open cultuur, waarin het mogelijk is om fouten te maken en daarvan te leren. Het vraagt dus ook om vertrouwen. En het vraagt misschien nog wel het meest om volstrekte helderheid over de doelstellingen van de organisatie.

Als ik het lijstje zo op me in laat werken, besef ik dat ik maar weinig organisaties ken die aan dit profiel voldoen. Integendeel: ik ken heel veel organisaties waarin de handelingsvrijheid van de medewerkers beperkt is, waarin de directie zich allerlei *perks* veroorlooft en er volstrekt geen helderheid is over de doelstellingen, behalve dan zo veel mogelijk geld verdienen.

Maar zeldzaam of niet, ze zijn er wel, die organisaties die het anders doen. Buurtzorg Nederland voldoet er redelijk aan, en er wordt in kringen van managementdenkers al jaren enthousiast gesproken over een bedrijf in Brazilië, waar het weekend zeven dagen schijnt te hebben. Dat wil ik graag eens met eigen ogen zien.

12 I DE HANGMATTEN VAN SEMCO

Het is niet eenvoudig om bij het wereldberoemde Braziliaanse bedrijf Semco binnen te komen. Het telefoonnummer dat ik op de site van de Semco Groep vind, heb ik wekenlang vele malen op verschillende momenten van de dag gebeld. Als ik al iemand aan de lijn krijg, is het een Portugeessprekende dame die zo schrikt van mijn vraag of ze ook Engels spreekt, dat ze de hoorn er snel weer opgooit. Als ik eindelijk een keer word doorverbonden met een man die moeizaam Engels spreekt, geeft hij me een mailadres waar ik mijn verzoek naartoe kan sturen. Maar hoe ik vervolgens ook mail, een reactie krijg ik niet.

Eigenlijk begrijp ik het ook wel. Het bedrijf wordt natuurlijk bedolven onder de verzoeken voor een interview of een bedrijfsbezoek en ze kunnen onmogelijk overal op ingaan. Dus spelen ze *hard to get* en als er dan nog verzoeken overblijven, kunnen ze altijd kijken of ze er iets mee doen. Dus blijf ik het proberen, in de hoop uiteindelijk toch tot hen door te kunnen dringen. Ik heb één voordeel ten opzichte van al die anderen, zo houd ik mezelf voor: de meesten willen waarschijnlijk graag Ricardo Semler zelf te spreken krijgen. En hoewel ik daar geen 'nee' op zou zeggen, is mijn primaire doel iets anders. Ik wil namelijk graag het bedrijf leren kennen waarin hij zijn theorieën in de praktijk heeft gebracht en onderzoeken of het ook echt zo werkt als hij in zijn boeken beschrijft. Mijn ervaring is namelijk dat de oprichter/eigenaar/bedrijfsfilosoof vaak een bepaald beeld van de organisatie heeft, maar dat dit door de werknemers in de praktijk nogal eens anders wordt ervaren. Dus in plaats van de boeken van Semler klakkeloos over te schrijven wil ik graag met eigen ogen zien hoe zijn bedrijf is georganiseerd en hoe de mensen met elkaar samenwerken. En natuurlijk of het echt waar is dat zij in een hangmat hun werk doen en hun eigen salaris mogen bepalen.

Het is een behoorlijke *long shot* die me uiteindelijk een voet tussen de deur bezorgt. Op de website van Semco lees ik een aankondiging van een partnership dat het bedrijf is aangegaan met de Nederlandse machinefabrikant GMF-Gouda. Semco zal de Braziliaanse chemische en voedingsindustrie gaan voorzien van de machines van het bedrijf uit Gouda, waaronder drum dryers, drum flackers en paddle dryers, zo meldt het bericht. Geen idee wat dat zijn, maar toch maar eens bellen met die jongens in Gouda. 'Eh, het is misschien een beetje een vreemde vraag, maar zouden jullie mij in contact kunnen brengen met Semco?' Dankzij een alleraardigste salesmanager bij GMF-Gouda, Arthur Bouwmeester, wordt uiteindelijk contact gelegd met de ceo van Semco Equipamentos, José Alignani, die me na het stellen van wat vragen over mijn bedoelingen per mail meldt dat ik meer dan welkom ben. Yes!

En zo vlieg ik begin maart, ruim een week na het carnaval, naar de economische hoofdstad van Brazilië, Sao Paulo. Op maandagochtend negen uur zal ik bij mijn hotel worden opgepikt door Guilherme Beliero, verantwoordelijk voor *foreign trade* bij Semco. Enigszins tot mijn verbazing staat er vlak voor negen uur inderdaad een vriendelijke jongeman bij de receptie die zich voorstelt als Guilherme. Tijdens de twintig minuten durende rit in zijn zwarte truck met laadbak praten we wat over koetjes en kalfjes en hoe het hotel is, en voordat ik het weet, rijden we een poort binnen van een terrein met daarop een typisch fabrieksgebouw uit de jaren zestig. Guilherme parkeert de auto op het achter het gebouw liggende parkeerterrein, roept wat tegen een jongen die kennelijk het terrein beheert en loopt vervolgens met mij door een lange gang naar een kantoorruimte aan de voorkant van het gebouw.

De eerste kennismaking met Semco is een beetje een teleurstelling, moet ik eerlijk bekennen. Na alle verwachtingen die de boeken van Ricardo Semler hebben gewekt, doet de inrichting van het kantoor nogal alledaags en zelfs een beetje ouderwets aan. Een standaard koffieautomaat met niet bijzonder lekkere koffie, grijze wanden met hier en daar een poster met een van de producten die het bedrijf verkoopt of een affiche over veiligheid op het werk en verder wat formicabureautjes met op sommige plaatsen daartussen borsthoge cubicle-wandjes. Bij nadere inspectie blijkt het bij de bureautjes om flexwerkplekken te gaan, die per vier een werkeiland vormen. Maar ze halen het bij lange na niet bij de hippe flexplekken die ik eerder bij Microsoft en Rabobank in Nederland heb gezien.

Er is bovendien iets anders wat mijn teleurstelling wekt. Tijdens een lang gesprek dat ik die eerste maandagochtend met José Alignani heb, word mij duidelijk dat er niet zo veel meer over is van de groep van zo'n zestien bedrijven waarover Semler in zijn laatste boek, *Het weekend van zeven dagen*, rept. Bedrijven die, zo lees ik in het boek, de ene na de andere nieuwe markt ontwikkelen en die hun medewerkers van het ene in het andere spannende avontuur storten. Van die medewerkers had Semco er toen ruim drieduizend, schrijft Semler, en dat zijn volgens hem allemaal zelfsturende, innovatieve en volwassen mensen die zelf wel bepalen wanneer ze komen en wanneer ze gaan, hoeveel geld ze willen verdienen en wie de baas is.

Van die zestien bedrijven, hoor ik nu van Alignani, zijn er nog drie over. Het is dat Semco net een joint venture is aangegaan met een advocatenkantoor, want anders waren het er nog maar twee geweest. Die twee bedrijven, Semco Equipamentos en Pitney Bowles, hebben respectievelijk tachtig en negentig werknemers. En om het nog erger te maken: van Pitney Bowles, een joint venture met de Amerikaanse fabrikant van postsorteermachines, bezit Semco nog slechts een aandeel van dertig procent. Dus feitelijk hebben we het over één echt Semcobedrijfje met tachtig mensen in dienst en dat is het wel zo'n beetje. Oh ja, en dan is er nog de holding waar zes mensen werken. Semler zelf bemoeit zich nauwelijks meer met de business, begrijp ik van Alignani.

Ben ik daarvoor de halve wereld over gereisd, voor zo'n klein bedrijfje? Een bedrijfje dat er ook nog eens uitziet alsof het ergens in de jaren tachtig is blijven hangen en waar gewoon een manager aan het roer staat? Ik wil al bijna de eerste vlucht terug naar huis nemen als Alignani iets zegt wat mijn nieuwsgierigheid wekt. Ik mag met iedereen praten, zegt hij, ze hebben geen geheimen. Omdat ze bovendien een heel programma voor me hebben opgesteld en ik hier nu toch eenmaal ben, besluit ik om nog maar even te blijven. Gelukkig maar, want in de loop van de volgende dagen wordt me uit de vele gesprekken met een groot aantal medewerkers duidelijk dat dit toch een heel bijzonder bedrijf is. Een bedrijf dat inderdaad, net als zoveel andere bedrijven, nog steeds zoekt naar de juiste organisatievorm, en daarin soms twee stappen vooruit zet, en dan weer een stap terug.

Maar laten we beginnen bij het begin. Semco Equipamentos – of in het Engels Semco Capital Group – is het bedrijf waar het feitelijk allemaal mee begon. Dit bedrijf is sinds de jaren zestig gevestigd op de locatie die ik nu bezoek, de fabriek aan de zuidkant van Sao Paulo. Hier heeft Ricardo Semler zijn eerste stappen in het zakenleven gezet, zo vertelt Guilherme Beliero met enige eerbied in zijn stem. Het bedrijf maakt grote industriële mixers, pompen en drogers voor onder meer de voedingsindustrie, de mijnbouw en oliebedrijven. Een andere tak van het bedrijf zijn koelinstallaties, zowel voor het koelen van gebouwen als voor gebruik bij de productie van staal en voedingsmiddelen als cola en bier.

Dat wil zeggen: zelf maakt Semco bijna niets meer. De meeste productie is tijdens de grote economische crisis in Brazilië aan het begin van de jaren negentig uitbesteed aan partners, vaak ex-Semcomedewerkers die in die moeilijke tijd ontslagen werden en met de ontslagvergoeding de kans kregen om hun eigen bedrijf te starten. En Semco partnert veel met buitenlandse fabrikanten, zoals GMF-Gouda, die Semco gebruiken om een voet tussen de deur van de Braziliaanse markt te krijgen. Alignani: 'Wij kennen de markt, hebben goede contacten in het land en weten hoe we moeten omgaan met de enorme bureaucratie en de willekeur bij de Braziliaanse overheid. We hebben bovendien een goede naam in het buitenland, bijna iedereen kent Semco of in elk geval Ricardo Semler. Onze managementstijl spreekt veel bedrijven aan.'

Veel van die partnerships en joint ventures kennen een clausule waarin staat dat een van beide partijen de aandelen kan overnemen van de ander, legt Alignani uit. Dit verklaart waarom er nu nog maar zo weinig bedrijven over zijn. 'Neem bijvoorbeeld Cushman & Wakefield, een wereldwijde beheerder van onroerend goed waar ik ceo van was voordat ik hier kwam. Daar hadden we een joint venture mee sinds 1993. In 2002 werd het bedrijf overgenomen door Itil uit Italië. Hun filosofie was om alles zelf te doen en geen partnerships te hebben. Cushman & Wakefield had inmiddels een stevige positie opgebouwd in dit land. Dus verkochten we de aandelen aan hen. Dat was voor alle partijen een goede deal. En zo ging het met veel van die partnerships. We zijn nu weer aan het kijken of we nieuwe partnerships kunnen aangaan. De deal met de advocaten is de eerste, maar ik verwacht dat er binnenkort nog meer zullen volgen. Maar we hebben geen haast; de partner moet wel bij ons passen.'

Alignani, een vriendelijke oudere man met een grijs baardje en dunne strengen haar op een kalend hoofd, kwam in 1984 bij Semco en heeft alle ontwikkelingen van het bedrijf van nabij meegemaakt. 'Semler had de leiding overgenomen van zijn vader en voerde rond 1985 een geheel nieuwe managementstijl in. Dat was een hele schok, ook voor mij. Ik had het in elk geval niet makkelijk. Ik was inkoopmanager en had een eigen kamer met een secretaresse. En een jaar later besloot Ricardo dat niemand nog een eigen kamer mocht hebben. En er waren commissies van medewerkers, die overal over mochten meebeslissen. Moet je je voorstellen hoe dat is voor een manager die is opgegroeid in een traditioneel systeem waarbij de baas nog echt de baas is. Die begintijd was heel moeilijk. Nu weet ik niet beter, het zit nu in mijn bloed.'

'Kijk,' zegt Alignani terwijl hij een klein boekje tevoorschijn tovert met daarop een tekening en de tekst 'manual de sobrevivência'. Het is de survivalgids van Semco, onderdeel, zo lees ik in de Engelse vertaling, van de poging 'te bewijzen dat er een meer fatsoenlijke en eerlijkere manier is om bedrijven te managen in Brazilië.' Naast het afkeuren van gokken en een verbod op wapens in het bedrijf besteedt de gids veel aandacht aan leiderschap en het recht van iedereen om zijn mening te geven, onafhankelijk van zijn positie. Alignani wijst op een van de vetgedrukte kopjes: vrijheid. 'Er is geen ruimte voor formaliteiten binnen Semco Group,' lees ik. 'De deuren staan altijd open en mensen moeten kunnen zeggen wat ze denken, zonder angst of remmingen.' Alignani: 'We willen dat iedereen deel uitmaakt van beslissingen. We willen dat ze weten hoe het bedrijf ervoor staat, dat ze de doelstelling kennen en dat ze vervolgens doen wat goed is voor het bedrijf. Dat ze zich verantwoordelijk voelen. Maar die verantwoordelijkheid ontstaat pas als je ze ook bij de beslissingen betrekt.'

Om een dergelijke werkomgeving te creëren en te behouden heeft Semco zes instrumenten ontwikkeld, vertelt Alignani. 'Allereerst onze bijeenkomsten. We hebben maandelijks een overleg op afdelingsniveau, elke twee maanden een overleg van alle managers en elke twee maanden ook een bijeenkomst met iedereen in het bedrijf. Al die bijeenkomsten zijn open, daar mag iedereen bij zijn. Op die bijeenkomsten praten we altijd eerst over de resultaten en wat we verwachten voor de komende maanden. Daarna kan alles besproken worden, iedereen mag punten aandragen voor de agenda. Op de algemene vergadering hebben we iets wat we "parla che fa bene" noemen, "spreek zodat je je beter voelt". Het idee is dat mensen zeggen we ze op hun hart hebben. Niet iedereen voelt zich daar even prettig bij, maar het is wel iets wat we proberen te stimuleren.'

Het tweede instrument is de beoordeling van managers door hun ondergeschikten. Dit gebeurt één keer per jaar door middel van een vragenlijst op internet. Belangrijker dan deze enquête is echter het gesprek dat de manager naderhand heeft met zijn medewerkers, waarin ze de resultaten kunnen toelichten. 'De managers nemen dat erg serieus. Als ze laag scoren op een bepaald onderdeel of achteruitgaan, willen ze graag weten hoe ze dat kunnen verbeteren.' Tegenwoordig gebeurt het zelden dat managers zo slecht worden beoordeeld dat ze hun conclusies kunnen trekken en vertrekken, vertelt Alignani. 'In de jaren tachtig wel, toen hadden we veel problemen. Ik ook, want ik was opgegroeid met het idee: ik ben de baas. Maar tegenwoordig spreken we elkaar veel eerder aan, dus dan weet je het eerder als het niet goed zit.'

Een derde instrument is een jaarlijkse enquête naar de werknemerstevredenheid. Daarin wordt niet alleen gevraagd hoe medewerkers het bedrijf ervaren, maar ook wat er verbeterd kan worden.

Een vierde belangrijke tool is het aannamebeleid: nieuwe medewerkers worden niet aangenomen door de manager of de afdeling hrm, maar door de mensen die met de nieuwe medewerker moeten werken. 'Dat is wel vreemd,' zegt Beliero, die deze procedure drie jaar geleden ook heeft moeten ondergaan. 'Dan zit je dus aan tafel met tien mensen die je het hemd van het lijf vragen. Ze zijn echt in je geïnteresseerd, willen je goed leren kennen. Het voordeel van dit systeem is dat als je wordt aangenomen, je iedereen al kent. En zij jou ook. Ze hebben je zelf aangenomen, dus ze zullen hun best doen om jou je thuis te laten voelen en je helpen als dat nodig is.'

In de jaren tachtig had Semco zijn arbeiderscomités die over alles konden meepraten en de cultuur van het bedrijf bewaakten. Toen de fabrieken in het begin van de jaren negentig werden geoutsourcet, verdwenen die. Vervolgens constateerde een aantal mensen binnen het bedrijf dat de Semcostijl verloren dreigde te gaan en dat er behoefte was aan mensen binnen het bedrijf die de filosofie bleven uitdragen. Dat werd de GPS-groep, een verwijzing naar de navigatiesystemen GPS. Alignani: 'GPS is onze gids. Het zijn collega's die worden gekozen door het personeel en ze vormen eigenlijk een extra communicatiekanaal. Als iemand bijvoorbeeld een probleem heeft met zijn baas, dan kan hij natuurlijk altijd naar zijn baas gaan om het te bespreken. Maar sommige mensen durven dat niet of weten niet hoe ze het moeten aanpakken. Dan kan hij naar GPS gaan. De groep lost het probleem niet op, maar probeert wel te bemiddelen. Het zijn facilitators, het is een extra hulpmiddel om een goede werkomgeving te creëren.'

Als laatste instrument om medewerkers zich verantwoordelijk te laten voelen voor het bedrijf, heeft Semco zijn bonussen. Die kunnen in een uitzonderlijk goed jaar maximaal zeven maandsalarissen bedragen. Maar in 2009, een zeer slecht jaar voor Brazilië en Semco, kreeg niemand een bonus. Dat laatste is een groot verschil met veel andere bedrijven, waar de managers vaak altijd wel een deel van een bonus krijgen uitgekeerd, ook als het slecht met het bedrijf gaat.

Alignani en Beliero leiden me rond door het gebouw. De kantoren van Semco bevinden zich op de begane grond en de tweede verdieping. De rest van het gebouw wordt ingenomen door voormalige partners die inmiddels niet meer tot de Semco Groep behoren. Omdat veel van de mensen die hier werken ex-collega's zijn, zijn er nog veel contacten en sommige van deze bedrijven hanteren ook nog steeds (delen van) de Semcostijl. Ze maken ook gebruik van dezelfde voorzieningen, zoals vergaderruimtes, het restaurant en het parkeerterrein. Aan de achterkant van het gebouw bevindt zich de vroegere fabriek, die nu alleen nog in gebruik is als opslag. Aan de zijkant heeft Semco een klein lab dat gebruikt wordt om machines uit te testen en demonstraties aan klanten te geven. Op het terrein achter de fabriek staat een klein open gebouwtje met wat tafels en stoelen en een barbecue. Na de lunchpauze spelen de werknemers hier een kaartspelletje of domino en kijken er televisie. Ze kunnen ook een dutje doen in een van de hangmatten die even verderop onder een afdakje zijn opgehangen.

'Die hangmatten zijn een beetje het symbool geworden van de Semcostijl,' zegt Alignani. 'Het is natuurlijk niet zo dat we de hele dag in een hangmat liggen, maar als je hier even wilt gaan liggen, bijvoorbeeld na de lunch: ga je gang. Omdat je zelf verantwoordelijk bent voor je werk, kun je ook zelf bepalen of je daar tijd voor hebt. En andersom geldt natuurlijk: als het werk het nodig maakt, dan werk je soms wat langer door. Het gaat er dus om dat je de vrijheid die je krijgt gebruikt in combinatie met de verantwoordelijkheid die je hebt. Dat is een kwestie van vertrouwen. Ik kan bijvoorbeeld om twee uur naar huis gaan als ik dat wil, maar alleen als mijn collega's of de klant me niet meer nodig hebben. Anders moet ik hier zijn.'

Volgens Márcia Fraçao, verantwoordelijk voor marketing en met 23 jaar Semco een van de oudgedienden bij het bedrijf, hebben met name jonge mensen nog wel eens een verkeerd beeld van die vrijheid. 'Ze komen hier binnen met het idee dat ze hier heel veel vrijheid krijgen. Dat is ook zo, maar je hebt ook je verantwoordelijkheden, voor je werk en voor het bedrijf. Ja, je kunt op vrijdagmiddag naar de bioscoop gaan als je dat wilt, maar natuurlijk alleen als het werk dat toelaat. We proberen ze daar wel van te doordringen, onder meer door middel van workshops.' Volgens Fraçao had de oudere generatie met deze verantwoordelijkheid minder moeite, omdat ze uit een totaal andere situatie kwamen waarin ze in het geheel geen vrijheid hadden. 'Veel mensen die hier eenmaal gewerkt hebben, hebben moeite om daarna weer bij een traditioneel, hiërarchisch bedrijf aan de slag te gaan. Sommigen komen weer bij ons terug. Hier wordt er naar je geluisterd, dat is in de meeste bedrijven niet zo.'

Dit laatste wordt bevestigd door vrijwel iedereen die ik tijdens mijn vier dagen bij Semco spreek. Financieel manager Ridrogo Franceschini Oliviera bijvoorbeeld heeft eerder gewerkt voor grote internationale bedrijven als Alstom en Thyssen. 'Ik had daar grote carrièrekansen en zou zo terug kunnen, maar hier is het veel beter. Het salaris is redelijk, maar andere dingen, zoals de vrijheid en de autonomie, vind ik veel belangrijker. Ik zou moeilijk weer voor een traditioneel bedrijf kunnen werken.' En Wagner Marinho Barbosa, als salesmanager verantwoordelijk voor de koelinstallaties: 'Als je zoals ik 23 jaar voor Semco hebt gewerkt, ben je zo aan de cultuur gewend dat je moeilijk ergens anders kunt aarden. Ze zeggen wel eens: "Als je het water hier eenmaal geproefd hebt, wil je nooit meer iets anders drinken." Ik denk dat dat wel waar is.'

Iemand die dat zeker kan bevestigen, is Adir Fassina, een eenenzeventigjarige verkoper die dit jaar zijn vijftigjarige jubileum bij Semco hoopt te vieren. Twintig jaar geleden had hij volgens de Braziliaanse wet al met pensioen gekund, maar hij koos ervoor om te blijven. 'Soms denk ik erover om te stoppen,' zegt hij, 'maar dan denk ik eraan hoe ik het hier zal missen. Ik wil niets liever dan de hele dag met klanten en collega's praten over onze producten. De kennis die ik heb, die vind je niet in boeken. Die probeer ik nu over te brengen op de jonge mensen, zodat ze behouden blijft.' Als ik hem vraag of het voor hem eigenlijk nog wel werk is wat hij doet, lacht hij en zegt: 'Nee, voor mij is het tijdverdrijf, waar ik nog voor betaald krijg ook.'

Walter Lobo Monteiro junior pikt me op de derde dag van mijn bezoek op bij mijn hotel in de wijk Moema in Sao Paulo om me naar Itatiba te brengen, een klein stadje honderd kilometer ten noorden van Sao Paulo. Terwijl we ons door het krankzinnige ochtendverkeer van de miljoenenstad worstelen, vertelt Walter me over een mogelijke verhuizing van Semco naar Itatiba. Het is handiger als de verkooporganisatie dichter bij de fabriek zit, legt hij uit. En bovendien is het verkeer in Sao Paulo dusdanig problematisch, dat er bijna niet meer te werken valt. Maar veel medewerkers wonen al hun leven lang in de stad. Hun kinderen gaan er naar school, ze hebben er hun vrienden; het is maar de vraag of ze naar Itatiba willen verhuizen. Maar ook dit, verzekert Wagner me, wordt in gezamenlijkheid besloten.

In Ititabi heeft Semco een fabriek. Dat wil zeggen: Semco gebruikt zo'n tweehonderd vierkante meter van een flinke fabriekshal van partnerbedrijf Reli. Dit bedrijf maakt de cilinders waar de mensen van Semco de mixers en drogers in plaatsen. Het hele apparaat wordt vervolgens klaargemaakt voor transport en meestal ook door mensen van Semco bij de klant geplaatst. De werknemers hebben een maandproductie en omdat het nu het begin van de maand is, heerst er nog een uitermate relaxte sfeer in de hal.

We hebben een gesprek met Nilton Morais, een lange, wat slungelige man van een jaar of 55 met een vriendelijk gezicht. Morais werkte ruim 27 jaar voor Semco, maar in de zomer van 2009 besloot hij om voor zichzelf te beginnen en kocht hij zich in bij partnerbedrijf Reli. Nu probeert hij de Semcostijl ook bij dit productiebedrijf in te voeren. 'Mijn partner wilde er eigenlijk niet aan, maar hij laat me toch mijn gang gaan. Nu hij de resultaten ziet, wordt hij ook steeds enthousiaster. Ik probeer mensen zelf beslissingen te laten nemen, zoals ik dat bij Semco geleerd heb. Ik kan als baas tenslotte niet overal tegelijk zijn. Ze weten bovendien vaak heel goed wat er moet gebeuren, maar in het oude systeem moeten ze dan toch altijd eerst naar hun baas om toestemming te vragen. Dat veranderen is lastig en kost tijd. De meesten zijn het niet gewend. Ze zijn bang om fouten te maken en daarop afgerekend te worden. Maar langzamerhand gaat het steeds beter. Ik denk dat ik nog wel vijf, zes jaar nodig heb om de cultuur hier echt te veranderen. Ik loop hier echt als een missionaris rond om het elke keer maar weer uit te leggen. Maar ik geloof hier echt in, dus dat kost me weinig moeite.'

Zoals Morais zijn er veel ex-medewerkers van Semco die elders de Semcostijl proberen in te voeren. Ze zijn besmet met het virus waar Ricardo Semler hen aan heeft blootgesteld en kunnen niet meer terug. De vader van Guilherme Beliero bijvoorbeeld heeft een eigen bedrijf met een stuk of vijftien werknemers. Als hij al voor dit bedrijf gaat werken, dan wil hij ook daar de Semcostijl invoeren. Daarnaast zijn er veel partners en voormalige partners van Semco die worden geleid door ex-Semcomedewerkers, zoals het advocatenkantoor waarmee Semco sinds kort samenwerkt. Ook daar worden in elk geval elementen van de filosofie overgenomen.

'Ben je al eens bij GMF-Gouda wezen kijken?' vraagt Henri Branco. We zitten in een café in Sao Paulo en drinken met vijf mannen van Semco een biertje. Op het grote scherm aan de

muur speelt het Braziliaanse voetbalteam een vriendschappelijke wedstrijd tegen Ierland. Na een ontkennend antwoord op zijn vraag vervolgt Branco: 'Ik denk dat ze daar bijna op dezelfde manier werken als wij.' Ik vertel hem dat wij in Nederland altijd een beetje moeite hebben gehad met autoriteit en dat ik me goed kan voorstellen dat de werknemers van GMF-Gouda een grote vrijheid hebben om hun werk te doen zoals zij denken dat goed is. 'In Nederland vraagt een manager zijn medewerkers om iets te doen,' vertel ik ze. 'Hij zal ze niet snel een order geven om iets te doen.'
Terwijl ik terugloop naar mijn hotel, denk ik hier nog eens over na. Ik denk inderdaad dat we in Nederland een stuk verder zijn als het gaat om zelfsturing en autonomie van medewerkers dan in andere landen. Misschien dat ze er in de Scandinavische landen ook wat van kunnen, maar in de meeste landen is er volgens mij sprake van rigide, hiërarchische verhoudingen. In Duitsland, Frankrijk, Engeland, de Verenigde Staten en zeker ook in een Zuid-Amerikaans land als Brazilië is de baas nog echt de baas en heb je gewoon te doen wat hij je opdraagt. Daar is een bedrijf als Semco dan ook een opmerkelijke verschijning, omdat medewerkers er als volwassen en zelfdenkende wezens behandeld worden. In Nederland is dit al redelijk gebruikelijk, hoewel veel organisaties dit spoor onder druk van het Angelsaksische denken de laatste jaren soms wat kwijt zijn geraakt.
Semco blijkt niet het droombedrijf te zijn zoals het uit de boeken van Ricardo Semler naar voren komt. Er zijn managers, er

is zelfs een ceo, medewerkers mogen er niet hun eigen salaris vaststellen en ze hangen niet de hele dag in een hangmat om briljante nieuwe ideeën op te doen. Maar er wordt wel naar de medewerkers geluisterd. Het bedrijf heeft een aantal structuren ontwikkeld die ervoor zorgen dat de medewerkers zich gehoord voelen en waardoor ze zich ook veel meer betrokken voelen bij het wel en wee van de club. De meest opmerkelijke daarvan zijn wat mij betreft het aannemen van nieuwe medewerkers door toekomstige collega's, de beoordeling van managers door hun ondergeschikten en het feit dat alle informatie voor iedereen toegankelijk is en alle vergaderingen open zijn. Er is bovendien geen standsverschil voelbaar tussen gewone medewerkers en de ceo. José Alignani zit gewoon aan een van de flexwerkplekken tussen de overige medewerkers.

'Wij zijn niet perfect,' zegt Alignani de volgende dag op het kantoor van Semco. 'Ook wij maken fouten en sommige dingen kunnen absoluut beter. De mens is bovendien een gecompliceerd wezen, soms doet hij dingen die je niet begrijpt. Maar we proberen ervan te leren en onszelf continu te verbeteren. De Semcostijl is geen dogma, het is een idee dat wij hebben over de manier waarop mensen beter met elkaar samen kunnen werken. Dat ontwikkelt zich voortdurend. En soms gaat het beter en soms gaan we achteruit. Maar de basis is nog steeds hetzelfde.'
Antonio Cabral, een stevige vent die lid is van het GPS-team, sluit zich hierbij aan: 'Het gaat in golven. De jaren negentig,

toen we de productie uitbesteedden, waren vooral erg moeilijk. Daardoor verdwenen de comités en kwamen er veel nieuwe mensen het bedrijf binnen. Maar in de basis is de filosofie nog steeds intact. De kern is namelijk dat mensen de vrijheid hebben en voelen om zelf beslissingen te nemen. Er wordt naar ons geluisterd. En dat is, zeker in Brazilië, toch wel heel bijzonder.'

13 | EEN MANAGER ZONDER TROON

Fokke Wijnstra is een kwieke, vriendelijke man van 61 jaar. Met zijn benen onder zich gevouwen zit hij ontspannen in een van de luie stoelen in de hal van Huis De Werve in Voorburg. Dit monumentale pand uit de achttiende eeuw aan de Laan van Nieuw Oosteinde is de thuisbasis van de adviseurs van Finext, een bedrijf uit 1998 dat is voortgekomen uit The Vision Web waar Wijnstra mede aan de basis van stond. Tegenwoordig vervult hij bij Finext nog een wat hij noemt 'vrije rol': een beetje pr, een beetje coaching en een beetje het geweten van de club.

Niemand heeft bij Finext een officiële functie, vertelt Wijnstra. Er zijn alleen rollen die afwisselend door verschillende mensen kunnen worden ingevuld. Ja, er is wel een directeur, maar dat is alleen omdat de buitenwereld dit nu eenmaal verlangt van een organisatie van een zekere omvang. Er moet iemand met de bank praten, iemand moet de aandeelhouders te vriend houden, iemand moet bij de Kamer van Koophandel als directeur geregistreerd staan. Maar het is niet zo dat deze directeur ook formeel de baas is. En ja, er zit wel iemand bij de deur in de rol van receptioniste, maar het komt geregeld voor dat deze mevrouw een middag op de administratie meehelpt en dat iemand anders dan 'de deur doet'.

'Zodra je in functies gaat denken,' zegt Wijnstra, 'dan blokkeer je onmiddellijk andere mogelijkheden. Je kijkt eigenlijk niet meer naar wat iemand nog meer kan of wil. "Je wilt ook andere dingen doen? Nee, dat gaat niet, we hebben je aangenomen als receptioniste, dus jij moet bij de deur zitten." Wij draaien het om. Er zijn bepaalde taken die gedaan moeten worden. We vragen: "Wie wil dat doen? Jij? Nou, ga maar doen." Het grote voordeel daarvan is natuurlijk dat iemand er dan ook echt voor gaat, want hij of zij heeft er tenslotte zelf voor gekozen. En af en toe wissel je.'

Als voorbeeld noemt Wijnstra de manier waarop Finext aan zijn huidige bedrijfspand kwam. 'Een van onze medewerkers bleek een makelaarsdiploma op zak te hebben en riep meteen: "Laat mij de onderhandelingen met de makelaar maar doen." Oké, ga maar doen. Hij heeft dit prachtige pand voor ons binnengesleept en ons ook nog eens ongelooflijk veel geld bespaard. Fantastisch toch?'

Ook in hun gewone werkzaamheden – financiële dienstverlening – bepalen de medewerkers zelf wie wat doet. Ze vormen zelf een team en maken onderling afspraken over hoe ze het gaan aanpakken. 'Het is dus geen vrijheid, blijheid,' verduidelijkt Wijnstra. 'Je bent verantwoordelijk voor een bepaalde taak en daarop ook aanspreekbaar. Het is toch wel fijn dat als je hier komt het licht het doet, de verwarming aan is en er koffie is. En we willen ook succesvol zijn, winst maken en de klant helpen. Daar maak je afspraken over, iemand zorgt ervoor dat het geregeld is. Maar de kern is dat iedereen daar dan zelf voor kiest. Dat maakt het veel krachtiger. Als je iets doet waar je zelf voor hebt gekozen, is de kans op succes een stuk groter dan wanneer je domweg een order uitvoert.'

Finext komt voort uit het netwerk van The Vision Web, rond de eeuwwisseling veelvuldig in de media beschreven als een van de voorbeelden van de vrije internetcultuur. Vooral het feit dat de visionwebbers, zoals ze zichzelf noemden, opereerden vanuit een grand café, was een dankbaar onderwerp voor journalisten en fotografen. De oprichters van The Vision Web werden geïnspireerd door de celfilosofie van Eckart Wintzen, door de ideeën van de internetgoeroes uit Californië, maar vooral ook door de boeken van Ricardo Semler. Net als Semco kende The Vision Web geen hiërarchie of centrale sturing, geen functieomschrijvingen, en hadden alle medewerkers toegang tot alle informatie. Het idee was namelijk dat door de komst van internet informatie niet meer te controleren viel. Informatie was vanaf dat moment overal en voor iedereen toegankelijk. Daarmee sloeg internet en vooral e-mail de bodem weg onder het hiërarchische bestuursmodel, dat juist gebaseerd was op het beheersen van die informatiestromen. Als je in het oude model iets gedaan wilde krijgen van iemand op een andere afdeling, dan diende je een verzoek in bij je manager, die het vervolgens besprak met de manager van die andere afdeling. Maar nu kon je rechtstreeks met je collega van die andere afdeling communiceren en werd die hiërarchie dus grotendeels overbodig. Alleen in naam hadden deze bedrijven nog een chief executive officer, want iemand moest nu eenmaal het gezicht naar buiten zijn.

In een interview met *Management Team* uit de zomer van 2001 vergelijkt de toenmalige 'ceo' van The Vision Web, Eddy Vermeire, het delen van informatie met het immuunsysteem van de organisatie: 'We investeren veel in het immuunsysteem van ons netwerk. The Vision Web als organisatie is absoluut transparant. Iedereen die bij ons werkt, heeft via het intranet onbeperkt toegang tot alle informatie. Dus al die winkeltjes kunnen van elkaar zien hoe ze het doen. Dat is ons enige controlemechanisme: transparantie en vervolgens de bereidheid om elkaar aan te spreken op wat je van elkaar ziet. "Goh, wat een leuk idee, mag ik meedoen?" Of: "Hé joh, dat gaat niet goed. Kan ik je helpen?"'

Vermeire erkende in dat interview dat het met de groei van de organisatie – The Vision Web telde op dat moment ruim vijfhonderd werknemers – lastiger werd om elkaar te blijven aanspreken en informatie te delen. Maar hij had er alle vertrouwen in: 'Bedenk wel: de meeste mensen die bij ons werken zijn binnengekomen via collega's die zij al kenden en met wie zij graag wilden samenwerken. Sociaal ingestelde jongens en meisjes, met een positieve blik. Als je er moeite mee hebt om andere mensen te vertrouwen, moet je niet bij The Vision Web komen werken. Dat selecteert zichzelf uit, daar is heus geen sociale druk voor nodig!'

Ondanks deze positieve woorden overleefde ook The Vision Web het uiteenspatten van de internetzeepbel niet. Het werd in 2004 gekocht door automatiseerder Ordina, die er bijna een 'gewoon' bedrijf van maakte. Alleen Finext mocht van de nieuwe moeder zelfstandig blijven en zijn eigen, platte cultuur behouden.

Wijnstra leidt mij rond door het gebouw. De oude stijlkamers van het kasteel zijn bijna allemaal ingericht met moderne flexwerkplekken, waar enkele tientallen medewerkers op een laptop zitten te werken. In een hoek van de serre vindt een overleg plaats en door het hele gebouw lopen mensen hardop pratend rond met hun mobiel vast tegen het oor geklemd. 'Alleen hier op de administratie hebben we min of meer vaste werkplekken,' vertelt Wijnstra terwijl we een kamer van zo'n dertig vierkante meter binnenlopen. In tegenstelling tot de overige werkplekken zijn de tafels in de kamer niet 'clean' en anders dan in de rest van het pand wordt een van de wanden hier volledig ingenomen door kasten vol mappen. 'Iedereen heeft toegang tot alle informatie,' zegt Wijnstra terwijl hij op de mappen wijst. 'Kijk, dit zijn onze personeelsdossiers. Iedereen kan erbij.' Hij pakt een map uit de kast en bladert er snel doorheen. 'Dat is wel een voorwaarde als je wilt werken zoals wij: transparantie, geen achterkamertjes. Alleen dan kun je elkaar scherp houden, elkaar aanspreken op gedrag. Iedereen kan zien wat ik verdien en als ik mezelf zou verrijken ten koste van de organisatie, dan krijg ik dat echt wel te horen.'
Ook de salarissen bepalen de teams zelf. Iedereen krijgt een

basissalaris en daar bovenop is er een winstdeling op basis van de prestaties van een team en de individuele toegevoegde waarde van ieder afzonderlijk lid van dat team. Dat geeft soms discussie en gedoe, erkent Wijnstra, maar 'dat is gezond gedoe. Dat gaat namelijk over jouw bijdrage aan het geheel en heel vaak durven we het daar niet over te hebben. Maar dat is natuurlijk eigenlijk de kern: wat doe jij om dit bedrijf tot een succes te maken? Daar mag je elkaar best op aanspreken. Sterker, daar móét je elkaar op aanspreken.'

Naast zijn rollen bij Finext werkt Wijnstra als zelfstandig organisatieadviseur, waarbij hij zijn ideeën over zelfsturing en eigen verantwoordelijkheid van medewerkers aan de man probeert te brengen. 'Finext is mijn bewijsgrond: wij doen het hier. Wij laten zien dat het kan en dat het ook succesvol is. Wij zijn het beste renderende onderdeel van Ordina, en daarom laten ze ons tot nu toe ook met rust. Maar ook andere cijfers laten zien dat het werkt. Onze medewerkerstevredenheid ligt op een 8,5, terwijl dit landelijk voor dit type bedrijven een 6,9 is. De betrokkenheid van onze medewerkers is al jaren achtereen tachtig procent; landelijk is dat een schamele twintig procent. Het ziektepercentage ligt bij ons onder de twee procent. En we draaien, ondanks de crisis, nog steeds goed. We groeien weliswaar niet meer, maar we zijn nog steeds kerngezond.'

'De kunst is,' zegt Wijnstra terwijl hij broodjes heeft laten aanrukken en zelf in de keuken bordjes heeft gepakt, 'om het zo veel mogelijk bij de medewerkers zelf te laten. Je moet niet de illusie hebben dat je alles kunt beheersen. Sterker nog: als je dat probeert, werkt dat alleen maar contraproductief. Dan daalt het slagingspercentage dramatisch. Wat iemand zelf heeft bedacht, dat slaagt. Als hij een opdracht moet uitvoeren, gaat hij alleen maar redenen bedenken waarom hij het niet hoeft te doen. Dat kost zo veel energie! Nee, dit werkt veel beter.'

Het verhaal van Finext doet sterk denken aan een ander bedrijf dat ik de afgelopen jaren goed heb leren kennen: e-office. Ook dit IT-bedrijf kende in zijn beginperiode geen functies, geen hiërarchie, geen afdelingen en ook hier was alle informatie voor iedereen toegankelijk. 'Als je ervan uitgaat dat de mensen die wij aannemen net zo slim zo niet slimmer zijn dan wij,' legde een van de oprichters van e-office, Roland Hameeteman, mij uit tijdens een van de vele gesprekken die ik met hem had, 'wie ben ik dan om te bepalen welke informatie ze mogen zien en welke niet? Dat kan ik helemaal niet. Ik weet niet wat jij nodig hebt om je werk goed te kunnen doen. Dus gooi het open, laat informatie vrij stromen! Dus ook geen structuur, geen functies, geen barrières die het vrij stromen van de informatie zouden kunnen hinderen.'
Hameeteman, een lange man met halflang, donker haar, krijgt een lichte, meewarige glimlach om zijn mond als hij terugdenkt aan die begintijd van e-office, begin jaren negentig. Hij vervolgt: 'En als je dat doet, als je de informatie vrij toegankelijk maakt, dan zeg je dus eigenlijk: "Ik vertrouw

jou." Want anders deed ik dat niet. Nou, dat klonk in die tijd heel erg soft. Maar het was ook wel praktisch. Want als ik jou niet vertrouw en jij vertrouwt mij niet, dan gaan we dus heel veel tijd en energie verspillen aan controles en verantwoording en formulieren. Daar word je doodmoe van! Dus laten we nou gewoon makkelijk doen: ik vertrouw jou, jij vertrouwt mij en we gaan gewoon netjes met elkaar om. Klaar.'

Het bedrijf van Hameeteman en zijn businesspartner Rutger Stekelenburg draaide vrijwel vanaf de start als een tierelier, niet in de laatste plaats doordat e-office met zijn neus midden in de boter van de internethype viel. Het bedrijf was ooit begonnen als de Nederlandse reseller van Lotus Notes, een van de eerste programma's waarmee online kennis kon worden gedeeld. Toen de internethype halverwege de jaren negentig losbarstte, stond e-office dan ook vooraan, mede dankzij die hippe 'e' in de naam. Het bedrijf bouwde websites bij de vleet, richtte portals in voor kennismanagement en gaf trainingen in het gebruik van e-mail en internet. En medewerkers meldden zich spontaan aan, enthousiast als ze waren over de open cultuur van het bedrijf en de enorme vrijheid die ze er kregen.

In zijn boek *De kracht van mensen* beschrijft Hameeteman hoe het vervolgens toch nog misging. Dat verhaal begint met de mislukte beursgang van World Online, op 17 maart 2001. Sloeg dit al een flink gat in het vertrouwen in de internet-*boom*, toen enkele maanden later twee vliegtuigen het World

Trade Center in New York binnenvlogen, was een wereldwijde recessie een feit. 'Wij hadden nog een uitstekend 2001,' herinnert Hameeteman zich. 'Tot het einde van dat jaar hadden we het razend druk met opdrachten en projecten. Maar in januari 2002 viel het met een klap compleet stil. Afgelopen, over, uit. Ik weet nog dat we op een bepaald moment gingen controleren of de telefooncentrale nog wel werkte, zo stil was het. Toen hadden we toch wel een probleem. We hadden namelijk geen organisatievorm, geen structuur. We hadden zelfs geen verkoopapparaat. We hadden alleen een heleboel mensen, en die organiseerden zich rond de projecten, rond de vraag van de klant... En opeens was er geen vraag meer, waren er geen projecten meer. En dan heb je dus eigenlijk helemaal niets meer. Alleen een hoop mensen, die allemaal vragend naar jou kijken: "Zeg het maar, wat gaan we doen?"'

Om zijn bedrijf te redden moest Hameeteman mensen ontslaan. Hij moest structuren invoeren, begrotingen maken, targets opleggen. Het bedrijf werd opgesplitst in een aantal zelfstandige bv's, met aan het hoofd daarvan een directeur, die een harde omzetdoelstelling meekreeg. 'We begonnen steeds meer op een gewoon bedrijf te lijken,' verzucht Hameeteman. 'We moesten wel. Als iemand een jaar daarvoor bij mij was gekomen en gevraagd had om meer structuur, dan had ik hem mijn kamer uitgezet. Maar nu stond het bedrijf op het spel, en de banen van bijna honderd mensen.'

Het kantoor van e-office bevindt zich op de bovenste verdiepingen van een markante rode kantoortoren aan de zuidkant van de forensenplaats Houten. Vanuit de lift op de zevende etage kom je in een grote, open en opvallend lichte ruimte met in het midden een flinke, ovalen balie en aan de zijkant een aantal comfortabele banken. De vele ramen geven uitzicht op de polders rond Houten en het Amsterdam-Rijnkanaal. In de verte is de skyline van Utrecht te zien met de Domtoren als opvallend herkenningspunt. De verschillende overlegruimtes op deze verdieping hebben een grote, glazen wand naar de centrale hal en zijn allemaal vernoemd naar beroemde kunstenaars en politieke leiders, zoals Leonardo da Vinci en Nelson Mandela. Onder hun naam staat hun droom vermeld. Bij Da Vinci staat: 'Een bemande vlucht met door hem ontworpen gemotoriseerde luchtvaartuig met klapwiekende vogelvleugels.'

Hameeteman deelt een kamer met Rutger Stekelenburg, met wie hij nog steeds het bedrijf runt. Hun droom: 'Een digitale werkomgeving waarin mensen optimaal kunnen samenwerken.' Hameeteman gelooft ondanks zijn bijnadoodervaring met e-office nog steeds dat je medewerkers zo veel mogelijk vrij moet laten en dat je informatie vrij moet laten stromen. Maar hij denkt nu dat dit slechts geldt voor een deel van het bedrijf, voor wat hij noemt 'het eenentwintigste-eeuwse of gele deel'. 'Dat is het creatieve deel, het deel van de kenniswerker dat nieuwe oplossingen bedenkt en innovatieve producten ontwikkelt. Dat kun je niet managen, dat kun je hooguit faciliteren.' Daaronder zit volgens Hameeteman echter een ander deel, 'het twintigste-eeuwse of blauwe deel'. 'Dat is het deel van de processen, van de regels, van de afspraken. Dat moet eerst goed geregeld zijn, wil je überhaupt creatief kunnen zijn. Als je elke keer moet bedenken hoe de factuur eruit moet zien, dan heb je geen tijd meer om nieuwe oplossingen te bedenken voor de klant.'

Een andere les die Hameeteman heeft getrokken, is dat de meeste mensen toch wel enige structuur nodig hebben om zich goed te kunnen ontwikkelen. 'De meeste mensen hebben behoefte aan een helder omschreven ruimte waarbinnen ze zich mogen bewegen. Ze willen weten wat je van hen verwacht, ze willen weten waar ze verantwoordelijk voor zijn en tot hoe ver ze mogen gaan. Geef je hun dat niet, dan gaan ze zich onvermijdelijk klein maken, uit angst fouten te maken. Terwijl, als je ze kaders geeft, dan gaan ze die ruimte helemaal benutten. En als ze tegen de grenzen aanlopen, worden sommigen pas echt creatief. Of ze komen bij je om meer ruimte te vragen. Dat is natuurlijk het mooiste wat er is, want dat betekent dat ze groeien.'

e-office heeft zogenaamde groeicoaches aangesteld die de medewerkers helpen te groeien in hun professionele carrière. Samen met deze groeicoach bepaalt iedere medewerker voor zichzelf welke doelen hij stelt voor de komende periode. Dit moeten meetbare doelen zijn, en ze moeten bij voorkeur bestaan uit kleine stapjes, want dat stimuleert. 'Het mooie is,' zegt Hameeteman, 'dat als mensen hun eigen doelen vaststellen, je ze niet meer hoeft te controleren. Dan zijn ze namelijk intrinsiek gemotiveerd om dat succes te bereiken. Ze werken tenslotte aan hun eigen groei, aan hun eigen leerproces. En daardoor groeit het bedrijf dus ook. Veel verder dan wanneer je het zelf allemaal bedenkt.'

Op het gloednieuwe hoofdkantoor van Microsoft Nederland op Schiphol word ik ontvangen door een receptioniste die staande achter een desk mijn gegevens invoert in een laptop. Ik krijg vervolgens een badge uitgereikt en word verzocht even plaats te nemen op een van de banken terwijl zij mijn afspraak op de hoogte brengt van mijn komst. Twee minuten later word ik opgehaald door Steven Gelder van communicatiebureau Marlot. Hij leidt mij door de poortjes en de trap op naar een koffiebar van CoffeeCompany. Wat wil ik drinken? Een cappuccino, een latte, of een panna montata misschien? Ik houd het bij een 'gewone' cappuccino. Met de koffie in de hand lopen we door een open ruimte naar een immense tafel, waar de directeur van Microsoft Nederland, Theo Rinsema, op een laptop zit te werken. Naast hem zit zijn secretaresse en aan het andere eind van de tafel zitten nog een paar Microsofties over hun laptop gebogen.

Welkom bij het nieuwe werken volgens Microsoft Nederland. In het kantoor van de softwaremaker op Schiphol heeft niemand meer een eigen kamer, ook de directeur niet. Net als alle andere medewerkers moet Rinsema elke ochtend een plekje zien te vinden aan een van de flexwerkplekken in het gebouw. 'Wat ik heb gedaan,' legt hij even later uit als we plaats hebben genomen in een van de overlegruimtes in het gebouw, 'is status en hiërarchie van elkaar scheiden. Aan de hiërarchie heb ik niet zo veel gedaan: ik ben nog steeds eindverantwoordelijk voor Microsoft Nederland, mensen weten wanneer ze mijn toestemming nodig hebben, dat is allemaal prima vastgelegd. Maar die eigen kamer heb ik wel opgegeven. En als de parkeergarage onder het gebouw vol is, dan moet ik ook een plekje zien te vinden op P15 of nog verder. En ik ben maar weinig managers tegengekomen die zeiden: "Dat is een goed idee."'

Het opgeven van dergelijke privileges heeft Rinsema echter heel veel opgeleverd, vertelt hij. 'Ten eerste acceptatie bij de medewerkers: ze zien dat ik de verandering naar het nieuwe werken net zo doormaak als zij, er is voor mij geen status aparte omdat ik toevallig de baas ben. En ten tweede omdat het mij een beter contact met mijn medewerkers oplevert. Zo'n eigen kamer, dat is natuurlijk ook wel heel erg makkelijk. Mensen moeten naar je toe komen als ze wat met je willen bespreken. Dat werkt ook psychologisch: ze komen jouw kamer binnen, en meestal zit de directeur ook nog eens met zijn rug naar het licht en blijft hij achter zijn bureau zitten als jij binnenkomt. Het is toch een soort uitwedstrijd die je speelt, je staat meteen met 1-0 achter, emotioneel gezien. Op het moment dat je dat niet meer hebt, dat je gewoon aan de grote tafel tussen de mensen zit, dan ontstaan er ook betere verbindingen tussen mensen. Je weet veel beter wat er speelt binnen het bedrijf. Als ik aan de lange tafel zit en mensen lopen langs en ik praat met hen – dat is toch een cadeautje!?

Dan kun je je toch niet meer voorstellen dat je weer in zo'n dichte kamer zit met een secretaresse ervoor en dat de mensen op audiëntie komen? Dat is toch veel minder leuk dan dit?'

Zoals het een trouw en bescheiden filiaal van een Amerikaanse multinational betaamt, worden de credits voor het bedenken van het concept van het nieuwe werken toegekend aan de meester zelf, Bill Gates. De softwaretycoon zat in 2005 een werkgroep binnen Microsoft voor die zich boog over de toekomst van werk en wat de consequenties daarvan waren voor de software die het bedrijf ontwikkelt. Maar terwijl het Amerikaanse hoofdkantoor zich vervolgens vooral op de producten stortte, ging het Nederlandse verkoopkantoor nog een flinke stap verder door ook de heersende aanwezigheidscultuur binnen het bedrijf aan te pakken. Rinsema: 'Iedereen was hier al gewend aan flexibele werktijden, de bezettingsgraad van ons vorige kantoor lag op 25 procent. En toch gaven mensen ons een onvoldoende voor de balans tussen werk en privé: een 5,4. Ze gaven vooral aan dat ze het moeilijk vonden om te stoppen met werken. Dat was voor ons een belangrijke aanleiding voor het veranderingstraject dat uiteindelijk leidde tot een andere manier van werken en tot dit gebouw. Omdat we zeiden: het klopt natuurlijk niet dat 's avonds werken altijd overwerken is. Je zou mensen de vrijheid willen geven om het werk te doen dat ze moeten doen, maar op het moment dat ze zelf willen. En als ze dan op woensdagochtend willen gaan kanoën omdat dat het ideale moment daarvoor is, dat ze daar dan ook de vrijheid voor voelen. Dan halen ze 's avonds hun werk wel weer in. Dat is een veranderingstraject waar we heel veel aandacht aan hebben besteed door middel van coaching en vooral door het bespreekbaar te maken. Inmiddels krijgen we voor die balans tussen werk en privé een 8,3; dat is een van de hoogste scores wereldwijd.'

Nu komen collega's van Rinsema van over de hele wereld naar Schiphol om zich te vergapen aan wat die rare Nederlanders nu weer hebben bedacht. De grote baas, Steve Ballmer, was erg enthousiast bij een bezoek aan ons land in 2009, vertelt Rinsema, maar vroeg zich toch af of het concept ook in Amerika zou passen. 'Hij dacht dat het toch wel een heel erg cultuurding was.'

Want uiteindelijk gaat het helemaal niet om dat mooie gebouw met zijn hippe koffiebar en al die mooie lounge- en flexplekken, zegt Rinsema. En het gaat ook niet over plaats- en tijdonafhankelijk werken. 'Mensen de ruimte geven, daar draait het voor mij om. Ik ga ervan uit dat de meeste mensen die hier werken, over het algemeen slimmer zijn dan ik ben, in elk geval op een aantal gebieden. Dus als ik dit bedrijf succesvol wil laten zijn, dan moet ik het talent de ruimte geven om datgene te doen waar het goed in is. Dat is voor mij leiderschapsles nummer één: ruimte geven aan mensen om hun talenten te ontwikkelen en te groeien. Dus al die controlemechanismen en de overtuiging dat je het allemaal zelf zo goed weet loslaten. Het voordeel daarvan is dat je daardoor ook een stuk onbevangener bent: je leert beter te luisteren, je leert van je collega's en van de inzichten die zij hebben.'

Een mooi verhaal, denk ik terwijl ik op de nationale luchthaven op de trein naar Amsterdam stap. En hoewel Microsoft hiermee ook zeker een zakelijk doel nastreeft (laten zien wat je allemaal met hun software kunt, *eat your own dogfood*), geloof ik dat Rinsema oprecht is. Hij wil echt niet de baas spelen die het allemaal zo goed weet. Zou dat dan toch die Hollandse poldermentaliteit zijn die maakt dat Nederlandse managers niet zo'n behoefte hebben aan hiërarchische verhoudingen en aan overbodige statussymbolen? Feit is dat in ons land de laatste jaren vele initiatieven à la het nieuwe werken van Microsoft zijn opgebloeid die in de meeste andere landen ondenkbaar zouden zijn. Zou het dan toch een cultuurding zijn? Interessante vraag; dat moet ik nog eens uitzoeken. Nu eerst naar Tilburg, waar volgens sommigen de oerknal van het nieuwe werken plaatsvond.

14 | 'LAAT DE BONNETJES MAAR THUIS!'

Het is een kwartier lopen van het treinstation van Tilburg naar het hoofdkantoor van Interpolis. Het markante gebouw van de verzekeraar aan de Spoorlaan is al vanuit de trein te zien, en onder een licht voorjaarszonnetje loop ik op mijn gemak naar de ingang. De immense ontvangsthal heeft nog het meest weg van een vertrekhal van een regionale luchthaven, compleet met hoge roltrappen en zitjes voor wachtenden. De bedrijvige drukte in de hal versterkt dit beeld: over de roltrappen schuift een constante stroom van in- en uitgaande mensen voorbij en aan de tafeltjes wordt driftig overlegd of gemoedelijk gekeuveld. Er loopt zelfs een ober rond, die de bestellingen van de bezoekers opneemt.

Na enkele minuten wachten word ik opgehaald door Ria Luichies. De woordvoerster van Interpolis loodst mij door de toegangspoortjes en over de roltrap naar boven, waar we tegenover elkaar plaatsnemen in de bekende stoelen met de grote oren. Terwijl ik me verbaas over de intieme sfeer die de stoelen weten te creëren, begint Luichies enthousiast te vertellen over de visie van Interpolis op werk. Al sinds het midden van de jaren negentig experimenteert het bedrijf met nieuwe werkvormen, zoals telewerken en flexibele werkplekken, en daarmee is de verzekeraar een absolute pionier in Nederland en ver daarbuiten. Van heinde en verre komen directeuren, hrm-adviseurs en gewone medewerkers naar Tilburg om zich te vergapen aan het prachtige, door kunstenaars ingerichte kantoor van Interpolis. Ze verbazen zich vervolgens over de grote vrijheid die medewerkers genieten om bijvoorbeeld thuis te werken of zelf hun werktijden te bepalen. En ze vallen bijna van hun stoel als ze horen dat niemand bij Interpolis nog een eigen werkplek of kantoor heeft, ook de directie niet. 'Als een bezoekende directeur dan zegt: "Dat gaan we bij ons dus niet doen," weet je eigenlijk al hoe laat het is. Dan gaat het dus nooit werken.'

Interpolis geldt tegenwoordig als de 'oerknal' van het nieuwe werken. Dit terwijl het eigenlijk allemaal nogal prozaïsch begon als een ordinaire bezuinigingsoperatie. Aan het begin van de jaren negentig was Interpolis een ingedutte, provinciale verzekeraar die het hoofd nauwelijks boven water wist te houden. Om de kosten te drukken zag de toenmalige directie zich genoodzaakt om een derde van het personeel te ontslaan. Om het leed te verzachten en eerlijker over de medewerkers te verdelen, werd naar goed Nederlands gebruik met de ondernemingsraad afgesproken om zo veel mogelijk in deeltijd te gaan werken. Toen er niet lang daarna een nieuw hoofdkantoor werd gebouwd en er een inventarisatie werd gemaakt van het benodigde aantal vierkante meters, kwam de lage bezettingsgraad van het bestaande kantoor aan het licht. Niet alleen door deeltijdwerk, maar ook door vakanties, afspraken buiten de deur en ziekte stonden de meeste werkplekken voor meer dan de helft van de tijd leeg. Het was de Maastrichtse ingenieur Erik Veldhoen die vervolgens het concept van de flexibele werkplek, de flexplek bedacht. Waarom nog iedereen een eigen werkplek geven? Waarom richt je niet verschillende werkplekken in voor verschillende activiteiten (geconcentreerd werken, overleg, vergaderingen...) en laat je medewerkers kiezen waar ze gaan zitten op basis van de activiteit die ze op dat moment willen verrichten? 'Activity based' noemde Veldhoen dat. En van het een kwam het ander. Want als medewerkers op kantoor geen eigen, vaste werkplek meer hebben, waarom kunnen ze dan niet net zo goed een dagje thuis werken? Of in de tuin? En waarom zouden ze dan nog van negen tot vijf werken? Waarom niet in het weekend? Of desnoods 's nachts, als dat beter uitkomt?

'Hoe weet u, mijnheer Van Schijndel, dat die mensen ook echt aan het werk zijn?' Piet van Schijndel kan nog steeds meewarig het hoofd schudden om de vraag die hem misschien wel honderd keer is gesteld. De toenmalige directeur van Interpolis en huidig lid van de raad van bestuur van Rabobank Nederland leunt wat naar voren in zijn stoel in een immense werkkamer op het hoofdkantoor van Rabobank aan de Utrechtse Croeselaan. '"Hoe weet u,"' herhaalt hij joviaal met een Brabantse tongval, '"dat ze niet lekker in de tuin zitten met een biertje?" Die vraag maakte voor mij duidelijk dat het nieuwe werken helemaal niet over IT gaat. En ook niet over

de inrichting van het kantoor. Het gaat om een cultuurverandering! Want wat gebeurde er? Ik kreeg echtgenotes van collega's aan de telefoon die zeiden: "Piet, kun je het netwerk op zondag nou niet uitzetten, want hij zit er altijd maar achter."'
De productiviteit bij Interpolis schoot omhoog. Om te laten zien dat ze de verantwoordelijkheid aan konden, maakten medewerkers thuis juist eerder meer uren dan minder. Ze konden hun werk beter combineren met de zorg voor bijvoorbeeld kinderen en werkten soms zelfs door als ze zich normaal ziek zouden hebben gemeld. Ze maakten bovendien vaker een klus nog even af, waardoor er minder achterstanden in het werk ontstonden. 'En als je zonder achterstanden werkt,' weet Van Schijndel, 'win je onmiddellijk tijd. Want achterstand creëert achterstand.'
Toch was niet iedereen onverdeeld gelukkig met de nieuwe manier van werken. Een aantal managers had moeite om eraan te wennen. 'De eerste mensen die gedesoriënteerd raakten, waren de afdelingshoofden en chefs. Vroeger zaten die met twintig man in een groot hok en als ze hun mensen maar achter hun bureau zagen zitten, dachten ze: mijn afdeling snort. Nu waren ze dat overzicht kwijt. Ze vroegen zich voortdurend af: Jan, waar zou die toch zitten? Zou hij wel aan het werk zijn?' Ze moesten bovendien een van de belangrijkste *perks* van een manager afstaan: de eigen kamer: 'Er waren erbij die waren net zo belangrijk geworden dat ze een eigen kamer hadden gekregen. Die hadden ze nu niet meer. En als ze dan wat later op kantoor kwamen, stond er zelfs geen stoel

meer. Dus die mensen begonnen te klagen. Niet van: "Ik voel me gedesoriënteerd." Maar: "Het systeem werkt niet, ik heb te weinig stoelen."'

Vertrouwen, daar draait het volgens Van Schijndel allemaal om. 'De basis is of we nog een beetje vertrouwen in elkaar hebben of niet. Als je naar de twintigste eeuw kijkt, dan hebben we alles georganiseerd op basis van wantrouwen. Steeds grotere instellingen met een heel technocratische inslag, of het nou om ziekenhuizen gaat, om scholen, overheidsinstellingen, banken of verzekeringsmaatschappijen die strak volgens regels zijn georganiseerd. De burger vraagt zich vervolgens af: is de overheid, is dat ziekenhuis of is die verzekeraar er nou nog wel voor mij, of ben ik er voor die verzekeraar? Dat is wat ook wel de kloof wordt genoemd. Zo kon ook het fortuynisme ontstaan. We hebben de hele zaak dichtgeregeld met allerlei regeltjes en controlesystemen. En aan de andere kant roepen we tegen mensen: "Jullie moeten zelfstandig werken, jullie moeten ondernemer zijn." Maar dat begint toch met vertrouwen!? Als je mensen geen vertrouwen geeft, dan is dat allemaal maar flauwekul natuurlijk.

Bij Interpolis hebben we op een gegeven moment de slogan gehad: laat de bonnetjes maar thuis. Heel veel mensen hebben mij toen voor gek verklaard. Die zeiden: "Dan zul je wel opgelicht worden." Dat wantrouwen! Dat is controle op controle en prikklokken en bevoegdheden en regels en cao-bepalingen en arbodiensten en wat we allemaal niet aan regelgeving hebben bedacht. Dat is op een gegeven moment gewoon uitgewerkt. Het nieuwe werken probeert dat om te draaien en te zeggen: je hebt een taak en ik geef je de vrijheid om die taak naar eigen inzicht in te vullen en op het moment dat het jou het best uitkomt. Als je dat doet, als je mensen vrijheid en bevoegdheden geeft, dan slaat dat uiteindelijk neer in de bediening van de klant. Dan hoeven ze zich niet meer te verschuilen achter regels, maar gaan ze denken vanuit het probleem van de klant. En dat is wat je wilt. Daarom moet je het doen. En nou is het mooie dat er de techniek is die het mogelijk maakt. Maar het begint met vertrouwen, het begint niet met de techniek.'

Ik moet denken aan de paarse krokodil. Met deze televisiecommercial stelde verzekeraar Ohra in 2005 het probleem van de toegenomen regelzucht, de overdreven bureaucratie en het klantonvriendelijke gedrag van veel organisaties aan de kaak. Wie ooit de klantenservice van een willekeurige verzekeraar, een energiebedrijf of een telefoonaanbieder heeft gebeld met een vraag of een probleem, weet precies waar deze krokodil zijn leefgebied heeft. Hij gedijt uitstekend in grote organisaties met veel afdelingen of businessunits die delen van hun taken hebben uitbesteed aan daarin gespecialiseerde bedrijven. Hij leeft van de regels, protocollen en draaiboeken en van gedesillusioneerde, ongeïnteresseerde medewerkers die overal mee bezig zijn, van waar de volgende vakantie naartoe gaat tot wat er vanavond op televisie is, maar niet met de klant.

In die zin zou je het nieuwe werken enigszins cynisch kunnen beschouwen als een wanhopige poging van directies van grote organisaties om het tij te keren. Om medewerkers weer bij hun werk en bij de klant te betrekken en om ze hun volle potentieel te laten benutten. De milieuwinst van telewerken is natuurlijk meegenomen, de effecten die het heeft op de filedruk in ons land en op het groene imago van organisaties zijn prettig, de besparing op kantoorkosten is in deze economisch moeilijke tijden meer dan welkom en dat de organisatie er aantrekkelijker door wordt voor ouders van jonge kinderen is ook heel fijn. Maar de echte winst van het nieuwe werken, zo suggereert Van Schijndel hier, ligt in een productievere, meer betrokken medewerker die echt luistert naar de wensen van de klant en creatieve oplossingen voor die klant bedenkt.

Dit verklaart ongetwijfeld de grote belangstelling voor het nieuwe werken bij de directies van grote organisaties. Sinds de opening van het Interpoliskantoor halverwege de jaren negentig is de belangstelling voor rondleidingen groot, vertelt Ria Luichies in Tilburg. 'De laatste tijd zien we opeens ook veel overheidsorganisaties als de Belastingdienst, de ministeries en gemeenten.' Bij Rabobank Nederland voert Van Schijndel momenteel een groot veranderingstraject door dat ertoe moet leiden dat uiteindelijk alle negenduizend medewerkers 'nieuw' gaan werken. Daarmee zou Rabobank vooralsnog de grootste organisatie in Nederland en zeer waarschijnlijk ook ter wereld zijn die op deze manier werkt.

Toch is er ook kritiek. Die komt niet alleen van middenmanagers die moeten leren hun medewerkers op een andere manier aan te sturen. Ook medewerkers klagen over het nieuwe werken, bijvoorbeeld omdat er te weinig werkplekken op kantoor zijn of omdat ze hun vaste werkplek met de bekende foto missen. Meestal heeft hun organisatie dan slechts een deel van het werk gedaan, door bijvoorbeeld wel flexplekken in te richten, maar niets te doen aan de heersende aanwezigheidscultuur. Of zoals Hans van der Meer van Microsoft het tegen mij zei: 'Ik kon zeven jaar geleden al thuiswerken. Maar als je baas elke dag om acht uur 's ochtends achter zijn pc zit en verwacht dat jij hetzelfde doet, dan werk je toch niet lekker thuis. Dan trotseer je liever elke dag de files om op kantoor aanwezig te zijn.'

Een ander en misschien wel het grootste probleem voor medewerkers is de dreigende vervaging van de scheiding tussen werk en privé. Door de mobiele telefoon en mobiel internet zijn we inmiddels altijd en overal bereikbaar en voordat je het weet ben je dan ook altijd aan het werk. Zeker als de druk vanuit de organisatie of van je directe leidinggevende groot is. Het nieuwe werken is door sceptici dan ook al wel het new-Fordism genoemd, naar de Amerikaanse autofabriek waar voor het eerst de principes van het scientific management van Frederic Taylor werden toegepast. Charlie Chaplin in *Modern Times*, zeg maar, maar dan met BlackBerry en laptop in de hand in plaats van twee moersleutels.

'Wat mij altijd enorm heeft verbaasd, is dat managers vaak

niet doorvragen, zeker niet als ze het gevoel hebben dat iets privé is.' Peter Meijers is een vriendelijke man met een vrolijk rond gezicht en stekeltjeshaar. Op zijn LinkedIn-profiel staat dat hij freelance adviseur is 'voor het nieuwe werken en organisatietransities'. In een vorig leven was Meijers interim-manager bij Interpolis en een van de trekkers van de invoering van het nieuwe werken aldaar. Veel middenmanagers kwamen met hun vragen bij hem. 'Dan kwam er dus een manager naar mij toe die zei: "Ik krijg van die en die mailtjes om vier uur 's nachts, dat kan toch niet?" Waarop ik hem vroeg: "Heb je gevraagd waarom hij dat doet?" "Nee, dat is toch privé!?" Bleek dat die medewerker altijd rond een uur of vier wakker werd en dan niet meer kon slapen. Dus ging hij eruit, keek of er nog mail was, beantwoordde die en ging daarna weer lekker slapen. Prima toch?'

Voor Meijers betekent het nieuwe werken de keuzevrijheid hebben om te werken waar en wanneer je wilt. 'Dus dat je op basis van wat je die dag gaat doen de plek en het moment kiest die daar het best bij passen. Maar dat is geen vrijheid, blijheid. Integendeel. Want het hangt samen met iets anders, namelijk verantwoordelijkheid. Mensen keuzevrijheid bieden betekent dat je hun de verantwoordelijkheid geeft over hoe zij hun werk inrichten. Dat is soms een worsteling, maar meestal kunnen mensen dat prima aan.

Natuurlijk hebben mensen kaders nodig. Je moet afspraken maken. Het is fantastisch als mensen werk doen waar ze gelukkig van worden, maar dat is niet het doel van de organisatie. Veel bedrijven en managers hebben echter moeite met het stellen van regels. Als je het over vertrouwen hebt, is het natuurlijk niet handig om meteen met het stellen van regels te beginnen. Maar je wilt ook niet dat je werknemers op de Bahama's zitten. Dat is echt gebeurd! Daar zit dus een dilemma: je wilt mensen vertrouwen geven, maar je hebt als manager ook je doelstellingen. Mijn motto is: laat mensen zelf die kaders stellen. Vraag hun: "Wat vinden jullie belangrijk?" En zeg dan ook wat jouw doelstellingen als manager zijn. Zo maak je mensen medeverantwoordelijk. Je blijft als manager altijd eindverantwoordelijk, maar het helpt wel als je mensen mee hebt.'

Uit het onderzoek van Vogelaar bleek dat legercommandanten het moeilijk vonden om los te laten, omdat zij zich verantwoordelijk voelen en ook verantwoordelijk worden gehouden als het misgaat. Toch helpt het niet als ze er bovenop zitten, want in een chaotische, snel veranderende omgeving komen orders van bovenaf altijd te laat. Ze moeten erop leren vertrouwen dat de soldaat in het veld de juiste keuzes maakt en de missie uitvoert zoals zij die voor ogen hadden.
In die zin verschilt het nieuwe werken niet zo veel van *mission command* uit het leger, bedenk ik. En dus is het eigenlijk helemaal niet zo nieuw. De overeenkomsten tussen beide organisatievormen zijn opmerkelijk. Net als *mission command* vraagt het nieuwe werken om een intelligente top die snapt dat de uitvoering zo veel mogelijk aan de werkvloer moet wor-

den overgelaten. Het vraagt, net als *mission command*, om creatieve, initiatiefrijke medewerkers die verantwoordelijkheid nemen voor hun werk. Bij Interpolis worden nieuwe medewerkers bijvoorbeeld uitvoerig gescreend voordat ze worden aangenomen, vertelt Luichies terwijl we door de gangen van het Interpolisgebouw lopen. 'Passen ze wel binnen de cultuur, zijn ze voldoende zelfstandig en klantgericht? Daarvoor hebben we een zogeheten *close up*-dag en die moet je goed doorlopen, anders word je niet aangenomen.'

Het nieuwe werken vraagt, net als *mission command*, om volstrekte helderheid over de te behalen doelen. Het 'wat' moet duidelijk zijn, het 'hoe' (of het 'waar' en 'wanneer') laat je zo veel mogelijk aan de individuele medewerker over. Het vraagt ook om direct leidinggevenden die niet boven, maar naast hun mensen staan en die zichzelf geen extraatjes (zoals een eigen kamer) toebedelen. Het moet met andere woorden in de haarvaten van de organisatie zitten. Een mooi voorbeeld hiervan geeft Luichies aan het einde van haar rondleiding. Terwijl we in het bedrijfsrestaurant staan, vertelt ze dat Interpolis geen kassajuffrouw heeft, maar dat de medewerkers zelf hun lunch mogen afrekenen door op een scherm in te vullen wat ze hebben genomen. 'Vertrouwen is niet iets wat je alleen maar moet zeggen, dat moet je laten voelen.'

Ik hoor het koor van managers al aanzwellen: dat hún mensen dit toch echt niet aankunnen. Die maken daar zéker misbruik van. Stel je voor, zelf hun lunch afrekenen en komen en gaan wanneer ze maar willen. Het idee! Nee, strak houden moet je ze, anders lopen ze de kantjes ervan af. Het nieuwe werken lijkt toch vooral iets te zijn voor intelligente, hoogopgeleide kantoorwerkers, zoals IT-consultants of advocaten, die intrinsiek gemotiveerd zijn om het beste uit zichzelf te halen. Dat past niet binnen typische werkomgevingen zoals een fabriek, een ziekenhuis of de politie. Toch?

Dat zou je inderdaad denken. Maar juist in organisaties als het ziekenhuis en bij de politie klinken de klachten over te veel regels en te weinig waardering voor de professional de laatste jaren het luidst. En als de oudste organisatie ter wereld, het leger, zichzelf kan vernieuwen, zou een relatief jonge organisatie als het ziekenhuis of een fabriek dat dan niet kunnen? Sterker nog: juist daar experimenteren ze al jaren met zelfsturende teams. Zoals eind jaren negentig in de margarinefabriek van Unilever in Rotterdam.

15 | ZEN EN DE KUNST VAN HET MACHINE- ONDERHOUD

Het is een vroege vrijdagochtend in het voorjaar van 1998. In de soepfabriek van Unox in Oss heerst een akelige stilte. De machines, die de afgelopen maanden volcontinu hebben gedraaid om aan de grote wintervraag naar erwten- en andere soepen te kunnen voldoen, zwijgen. De operators die normaal de machines kost wat kost aan de praat moeten houden, lopen nu enigszins onwennig door de grote, stille fabriekshal. Ze verzamelen zich samen met de 'mensen van kantoor' in de kantine, waar ze met een bekertje slappe koffie in de hand luisteren naar een peptalk van works manager Gert-Jan de Geus. Hij zegt iets over teamwork en dat je samen meer kunt dan alleen, en hij citeert de Japanse adviseur van het bedrijf, Nakano-san, die het allemaal geweldig vond wat ze deden daar in Oss. 'Super, super,' vond hij het.

Dan is het tijd om aan de slag te gaan. Er worden bezems uitgedeeld en schuursponsjes en in groepjes van drie, vier man en een enkele vrouw trekken de werknemers en de managers gezamenlijk de fabriek in. De dag staat in het teken van de grote schoonmaak. Alle vloeren, wanden, machines en leidingen worden grondig gesopt en geboend. Ook is het de bedoeling dat de werknemers ongeregeldheden opsporen zoals losliggende kabels, vuile kleppen en defecte verlichting. In de maanden voorafgaand aan deze dag is er een blauwdruk gemaakt van het productieproces en is elke sensor, klep en leiding in kaart gebracht en geanalyseerd op gebreken en op mogelijkheden voor verbetering. Daardoor kunnen de meeste problemen meteen worden aangepakt, wat belangrijk is, omdat je tenslotte nooit weet wanneer de machines weer een keer stil staan. Problemen die nu niet kunnen worden opgelost, worden gelabeld met gele kaartjes en genoteerd op een lijst.

Aan het einde van de dag staat er een borrel op het programma, maar de medewerkers van de soepfabriek hebben geen borrel nodig om zingend en lachend aan de slag te gaan. Volgens De Geus is dat een belangrijk neveneffect van zo'n dag: 'Mensen die elkaar alleen zien bij de wisseling van de ploegen, werken nu samen aan hún lijnen. Het is die teambuilding die een extra dimensie aan deze dag geeft.'

Halverwege de jaren negentig overweegt het Brits-Nederlandse voedingsconcern Unilever om de productie van voedingsmiddelen in Nederland te staken en zich volledig te gaan richten op innovatie en marketing. De fabrieken waar de producten van bekende merken als Unox, Calvé en Zeeuws Meisje worden gemaakt, draaien al jaren beneden de maat en het lijkt slechts een kwestie van tijd tot de laatste worstenmaker in Oss het licht mag uitdoen.
Maar dan treedt de vijfenveertigjarige ex-marinier Tex Gun-

ning aan als directeur van de Unilever Vlees Groep, zoals de divisie in Oss dan nog heet. Een van zijn eerste daden is het schrappen van driehonderd banen, een kwart van het totale personeelsbestand. Daarnaast voegt hij de Vlees Groep samen met de margarine- en sauzenfabrieken van Jurgens Van den Bergh in Rotterdam en Delft, wat nog eens zeventig arbeidsplaatsen kost. Maar Gunning realiseert zich dat saneren een heilloze weg is, die alleen maar kan uitmonden in de sluiting van de fabrieken. Er zou een andere manier moeten zijn om de winstgevendheid van de fabrieken te herstellen en zo de werkgelegenheid in Nederland te redden.

Gunning, die daarvoor enkele jaren voor Unilever in Azië heeft gewerkt, is daar bekend geraakt met de Japanse productiemethode TPM (Total Productive Maintenance), waarbij medewerkers in teams werken aan het continu verbeteren (kaizen) van de productie, aan de kwaliteit van de producten en aan het verminderen van storingen en verspilling. Hij besluit contact op te nemen met het Japan Institute of Plant Maintenance in Tokio, dé autoriteit op dat gebied. In de jaren daarna zullen tientallen Japanse TPM-goeroes de fabrieken in Oss, Rotterdam en Delft bezoeken om instructies te geven over de inrichting van de productielijnen en het aanpakken van problemen. Omgekeerd vliegen groepjes Nederlandse operators naar het land van de rijzende zon om daar de kunst van het 'continu verbeteren door teamwork' af te kijken.

Om een gevoel van urgentie te creëren laat Gunning het voltallige personeel met bussen naar een pakhuis vervoeren dat tot de nok toe gevuld is met afgekeurde producten. Voor het oog van de medewerkers, die dachten een leuk uitstapje te gaan maken, worden de etenswaren buiten in een diepe kuil gestort. Voor het eerst is het verlies door productiefouten niet een kil cijfer, maar een beschamende berg voedsel. Fouten waarvoor zij gezamenlijk verantwoordelijk zijn, zo luidt de niet mis te verstane boodschap van Gunning.

Bij Van den Bergh Nederland wordt TPM al snel omgedoopt in de kreet 'Teams Presteren Meer'. Het is de bedoeling dat de medewerkers van de fabrieken, van operator en onderhoudsmonteur tot vorkheftruckchauffeur, in teams gaan werken en samen verantwoordelijk worden voor een productielijn. Ze worden, in TPM-jargon, 'eigenaar' van de machines en de hele productielijn. Ze moeten elkaars taken kunnen overnemen indien dat nodig is, en dus krijgen de operators intensieve trainingen om onderhoud en kleine reparaties aan de machines te kunnen uitvoeren en leren onderhoudsmonteurs de vorkheftruck te besturen. Daardoor ontstaat ook meer begrip voor elkaars werk en is er minder de neiging om problemen op elkaars bord te schuiven.

Om een eerste verbeterslag te slaan wordt het programma steevast afgetrapt met een initiële schoonmaak, waaraan naast de productiemedewerkers ook de 'mensen van kantoor' en de managers deelnemen. Verder werken de teams continu aan het verbeteren van de productielijnen en het verminderen van fouten. Ieders suggesties en ideeën worden daarbij serieus genomen.

Het programma is een groot succes. De Nederlandse Unileverfabrieken vormen al snel de pareltjes van het concern. Sommige halen zelfs het hoogste niveau op TPM-gebied, een ongekende prestatie voor niet-Japanse bedrijven. De productiviteit per werknemer schiet omhoog met twintig tot dertig procent. Er is minder uitval van machines, minder verspilling van grondstoffen en de kwaliteit van de producten is veel constanter dan in de jaren daarvoor. En misschien nog wel het belangrijkst: er worden nog steeds soepen en worsten gefabriceerd in Oss.

In de soepfabriek in Oss smaakt het succes ondertussen naar meer. In een intern blad van Van den Bergh Nederland uit 1997, *Competing for the future*, klaagt Martin Oostrom, proces improvement manager, dat de organisatorische veranderingen bij de werknemers veel nieuwe ideeën hebben losgemaakt waar de leiding nauwelijks iets mee doet: 'We hebben een organisatorische verandering achter de rug, er is flink bezuinigd, we moesten op een heel andere manier gaan werken. Kortom: we hebben er hard aan gewerkt om de fabriek overeind te houden. Nu willen we zelf ideeën in de praktijk gaan brengen, omdat het anders lang kan duren. Het is tenslotte onze toekomst.'
Oostrom verwoordt naar eigen zeggen de gevoelens van de medewerkers op de werkvloer, die zich zeer betrokken voelen bij hún fabriek en hebben nagedacht over hoe de fabriek meer volume kan binnenhalen. 'We zien onze concurrenten met

allerlei leuke initiatieven komen; waarom doen wíj dat niet? Waarom niet een zomer- en een winterpakket op de markt brengen. In de zomer bijvoorbeeld tomaten-, champignon- of minestronesoep, in de winter erwten- of bruinebonensoep. Een aantal medewerkers heeft de stoute schoenen aangetrokken en is hier in Oss met zo'n zomerpakket op de markt gaan staan. Het was een groot succes. Maar het gaat toch vooral om het idee en het initiatief.'

Oostrom gaat nog even door met de ideeën van de mensen op de werkvloer: 'Waarom zouden we ook geen literblikken voor de Duitse markt gaan produceren, of sauzen in Unoblikken of een tweede erwtensoep? We zouden zo veel meer kunnen doen en hebben ideeën genoeg, maar we hebben het gevoel dat er te veel onnodige belemmeringen zijn. Ongetwijfeld heeft marketing zo haar redenen, maar het is wel frustrerend als je lijnen stil moet leggen omdat je onvoldoende volume hebt. Met gezamenlijke inspanning van zowel verkoop en marketing als productie moet het toch mogelijk zijn om meer volume binnen te halen.'

Oostrom zal nog een stevig gesprek hebben moeten voeren met zijn directe baas, maar Tex Gunning moet toch tevreden hebben geglimlacht toen hij het artikel las. Dat is namelijk de consequentie als je medewerkers meer verantwoordelijkheid geeft en hen weer betrokken wilt laten zijn bij hun werk: dat ze dan opeens blijken te beschikken over eigen ideeën hoe het beter kan. Ideeën die je als management nooit had kunnen bedenken. Het zet, zoals Gunning het zelf verwoordt in een interview in hetzelfde interne blad, 'de hele fabriek op z'n kop'.

Zoals Unilever zijn vele tientallen productiebedrijven in Europa en de Verenigde Staten vanaf de jaren negentig aan de slag gegaan met TPM. De doelstelling is steeds dezelfde: de kwaliteit van de productie en de producten verbeteren door de betrokkenheid van de productiemedewerkers bij hun werk te verhogen. De man of vrouw aan de machine weet vaak heel goed hoe het beter kan; alleen wordt het hem of haar zelden tot nooit gevraagd. Met TPM wordt iedereen verantwoordelijk voor de goede werking van de machines en voor de kwaliteit van de producten, niet alleen de onderhoudsmonteur of de kwaliteitsmanager.
Veel managementdeskundigen waren aanvankelijk sceptisch over de vraag of TPM ook in het Westen zou kunnen werken. Zij meenden dat de methode typisch Japans was en sterk cultureel bepaald. TPM was in oorsprong weliswaar een Amerikaanse uitvinding, maar werd pas echt een succes toen de Japanse autofabrikant Toyota de methode omarmde en verder perfectioneerde. Het streven naar continue verbeteringen sluit volgens de sceptici perfect aan bij de heersende zencultuur in het land, waarin de nadruk ligt op meditatie en zelfontwikkeling. Bovendien hebben Japanse werknemers nog een groot respect en ontzag voor hun bazen, iets waar je in de sterk geïndividualiseerde westerse landen niet meer op hoeft te rekenen. Hier delen de vakbonden de lakens uit en

werken er in de fabrieken alleen nog maar mensen die geen betere baan kunnen vinden.

'Onzin,' reageerden de Japanners. Het succes van TPM had niets te maken met cultuur, zen of lastige vakbonden. 'Geef ons een fabriek, en we zullen laten zien dat het ook in de VS werkt.' Dat liet het management van General Motors, dat zwaar te lijden had onder de import van goedkope, kwalitatief hoogstaande Japanse auto, zich geen twee keer zeggen. Het Amerikaanse autoconcern had nog wel een fabriek over in Fremont in Californië. Die stond toch al op de nominatie om gesloten te worden, omdat het een van de slechtst presterende fabrieken van het bedrijf was. De kwaliteit van de auto's die er van de band af rolden was abominabel, het management leefde er op voet van oorlog met de vakbonden en droeg zelfs wapens op het werk om zich te kunnen verdedigen en het ziekteverzuim lag op een schrikbarende twintig procent. 'Alsjeblieft, veel plezier ermee.'

Binnen drie jaar had Toyota de fabriek, die was omgedoopt in New United Motors Manufacturing Inc. (NUMMI), niet alleen weer aan de praat, maar bovendien was het een van de meest efficiënte autofabrieken van de VS. De productiviteit van NUMMI lag maar liefst zestig procent boven die van een vergelijkbare fabriek van General Motors. En ook de kwaliteit van de auto's die de fabriek maakte, schoot omhoog. Hoe Toyota dat voor elkaar kreeg? Gewoon door dezelfde principes in te voeren die het bedrijf ook in zijn Japanse fabrieken had gebruikt: werken in teams, een grote verantwoordelijkheid voor de medewerkers en streven naar continue verbeteringen. Of zoals een enthousiaste medewerker van NUMMI het zegt: 'Ons team bepaalt nu zelf wat we doen en hoe we het doen. Onze manager komt misschien een halfuur per week langs. Ik heb het gevoel dat de teamleden het belangrijkst zijn. Wij kunnen het prima doen zonder het management.'

Niet alleen productiebedrijven, maar ook andere bedrijven laten zich inspireren door de filosofie van kaizen, het continu verbeteren van de prestaties. Zo ook elektrotechnisch bedrijf Hoppenbrouwers in het Brabantse Uden. In 1999 kwam boerenzoon Henny de Haas bij dit bedrijf werken als afdelingsmanager en drie jaar later nam hij twintig procent van de aandelen over van de toenmalige eigenaar Theo Hoppenbrouwers. Inmiddels is het belang van De Haas in het bedrijf opgelopen tot 75 procent en het ligt in de bedoeling dat hij per 2013, wanneer Hoppenbrouwers 65 wordt, volledig eigenaar wordt.

Sinds zijn komst bij Hoppenbrouwers probeert De Haas de organisatie naar zijn hand te zetten en de zelfstandigheid van de medewerkers te bevorderen. Van de tweehonderd medewerkers werkt een groot deel aan projecten buiten de deur en De Haas realiseerde zich al snel dat hij ze onmogelijk continu in de gaten kon houden. Hij moest erop kunnen vertrouwen dat ze uit zichzelf datgene deden wat goed was voor het bedrijf. Om deze zelfstandigheid te stimuleren creëerde hij teams die verantwoordelijk zijn voor een van de markten waarop het bedrijf actief is, zoals elektrische installaties voor scholen, utiliteitsbouw of industriële installaties.

Van zijn teamleiders verwacht De Haas dat ze zich gedragen als ondernemers binnen het bedrijf. Alle zaken waarmee ondernemers te maken krijgen, van het inhuren van personeel en het werven van klanten tot het beheer van rendementen en cashflow, dienen ze zelfstandig af te handelen. Ze hebben geen toestemming nodig van de driekoppige directie voor het doen van een grote investering of het verlenen van een korting aan een klant, maar ze kunnen wel om advies vragen.

Elk team beheert zijn eigen banksaldo en verlies- en winstrekening. Voor ieder teamlid is zo exact na te gaan of er op een project winst of verlies wordt gemaakt en wat het inhuren van een extra medewerker kost. Ook de resultaten van de andere teams zijn openbaar. Alle informatie, van financiële resultaten en marges tot klanttevredenheid, wordt gedeeld via intranet en op A4'tjes opgehangen op grote borden in het bedrijf. 'Hoe meer informatie ik geef, hoe beter ze een beslissing kunnen nemen,' zegt De Haas. Als een monteur weet dat er op een project weinig winst wordt gemaakt, zal hij bovendien beter zijn best doen om de kosten in de hand te houden.' Het continu verbeteren betrekt De Haas onder meer op de ontwikkeling van individuele medewerkers: 'Ik stimuleer mensen zich te ontwikkelen. Iedereen die projectleider wil worden, kan bij ons projectleider worden.' Jaarlijks bespreekt De Haas met zijn tweehonderd medewerkers en met de teams de resultaten die zij in het afgelopen jaar hebben behaald en de doelen die ze voor het komende jaar stellen. Bij de beoordeling van medewerkers telt de omzet slechts voor tien procent mee in de eindscore; 45 procent wordt bepaald door verbeteringen van het team en van het proces. De jaarlijkse doelen laat hij medewerkers het liefst zelf bepalen: 'Mensen willen zelf graag verbeteren. De meesten leggen de lat bijna altijd hoger dan hun manager.'

De managementstijl van De Haas legt Hoppenbrouwers geen windeieren. Sinds zijn komst steeg de omzet van tien miljoen euro in 2001 naar 23,5 miljoen euro in 2009. In tegenstelling tot veel collega-bedrijven was 2009 voor Hoppenbrouwers geen crisisjaar. Integendeel: de omzet groeide met maar liefst twintig procent en het bedrijf moest zelfs vijftig tijdelijke krachten inhuren om het werk aan te kunnen.

Als dat geen kaizen is...

16 | VAN ONDERBROEKEN NAAR KUNSTGRAS

Wie met de trein vanuit het oosten naar Nijverdal rijdt, begrijpt meteen hoe dit industriestadje in het Overijsselse Salland aan zijn naam komt. Het blijkt een samentrekking van *Nijver*heid en Regge*dal*, zo is te lezen op de Nederlandse Wikipediapagina over het stadje. Nadat de trein het riviertje de Regge is gepasseerd, maakt hij een korte stop op het station van Nijverdal, dat ingeklemd ligt tussen de fabrieksterreinen van TenCate Protect en Advanced Composites aan de noordkant en TenCate Nicolon in het zuiden. Als een monument van de roemruchte Twentse textielindustrie staat het voormalige ketelhuis van de Twentse Stoom Weverij er nog fier overeind.

Het beursgenoteerde bedrijf Koninklijke TenCate is een van de weinige overlevenden van die Twentse textielindustrie, die in de jaren zeventig ten onder ging aan de moordende concurrentie uit lagelonenlanden. Het meer dan driehonderd jaar oude TenCate wist deze crisis te overleven en lijkt zelfs een nieuw leven te hebben gevonden in de ontwikkeling en productie van hoogwaardige technische materialen op basis van kunstvezel. Deze materialen vormen de grondstof voor zeer uiteenlopende en vernieuwende producten als kunstgras, kogelwerende vesten en zelfs vliegtuigvleugels. Het Amerikaanse leger is klant, en ook de nieuwste vliegtuigen van Airbus zijn voor bijna een kwart samengesteld uit de kunstvezels van TenCate.

Ik heb een afspraak met de groepsdirecteur van TenCate Advanced Composites, Frank Meurs, en diens productontwikkelaar Winand Kok. Meurs heeft zijn kamer in een van de kantoorgebouwtjes dat zit vastgeplakt aan een fabriekspand helemaal achteraan op het terrein van Advanced Composites. Hier geen dure kantoren met marmeren vloeren en een hele batterij receptionistes in de hal, maar een no-nonsense industriële inrichting die zijn beste tijd lijkt te hebben gehad. Op een tafeltje in de hal staat een ouderwetse telefoon waarmee de bezoeker zijn komst zelf mag aankondigen. Voordat ik echter de kans krijg om de hoorn van de haak te nemen, heeft Winand Kok me al gezien en opent hij de deur.

Als we zijn kamer binnenkomen, zit Frank Meurs met een van zijn medewerkers over een groot aantal uitdraaien vol cijfers gebogen die over de grote overlegtafel liggen uitgespreid. De groepsdirecteur kijkt dankbaar naar zijn gasten, die hem kennelijk voor even van een lastig klusje hebben gered. 'Tachtig, negentig procent van mijn tijd gaat in dit soort werk, zitten' zegt hij even later als iedereen is voorzien van koffie en we de fase van smalltalk zijn gepasseerd. 'In maandelijkse rapportages, in KPI's, in operationeel management. De buitenwereld vraagt dat van ons, en terecht. We zijn een beursgenoteerde onderneming met een zekere omvang en we maken bovendien producten die aan heel strenge kwaliteitsen veiligheidseisen moeten voldoen. We maken hier bijvoorbeeld materialen die worden gebruikt in vliegtuigvleugels en brandwerende uniformen en je kunt het je natuurlijk niet veroorloven dat er bij de fabricage daarvan iets mis gaat. Dat moet je dus heel strak sturen.

Bij de ontwikkeling van nieuwe producten kun je dat echter niet gebruiken. Dat kun je niet managen. Sterker nog: als je dat gaat managen, weet je zeker dat het niets wordt. Veel nieuwe producten ontstaan bij toeval; als je ergens instapt, weet je eigenlijk nooit van tevoren of het ook wat oplevert. Dat moet je zo veel mogelijk overlaten aan mensen zoals Winand,' zegt hij terwijl hij naar Winand Kok aan de andere kant van de tafel wijst. Op diens kaartje staat 'product manager aerospace', wat bij TenCate zo veel betekent als de Willy Wortel van de luchtvaart. 'Sommige mensen, ook binnen dit concern, willen dat ook Winand in KPI's gaat denken. Maar dat wordt niks.'

'Als ik voor alles om toestemming zou moeten vragen, dan was ik hier snel weg,' reageert Kok. 'Ik ben jarenlang ondernemer geweest en ik zou er slecht tegen kunnen als ik overal verantwoording over af zou moeten leggen. Ik moet aan dingen kunnen beginnen waarvan ik niet altijd weet of het ook wat oplevert. Dat kan hier gelukkig.' 'Maar we moeten wel van elkaar weten hoe het werkt,' vervolgt Meurs. 'Aan welke eisen het materiaal moet voldoen, welke behoefte er leeft bij de klant. Het ontwikkelen van een nieuw product mag dan een vrij *fuzzy* proces zijn, maar de verdere ontwikkeling ervan en de fabricage moet je juist wel weer heel strak organiseren. Je wilt natuurlijk wel iets ontwikkelen waar de klant behoefte aan heeft en waar je ook nog wat aan verdient. Daarom werken we bij de ontwikkeling van nieuwe producten ook steeds meer samen met de eindgebruiker, zoals Boeing en Airbus.'

Een voorbeeld van zo'n samenwerking is het TPRC, het ThermoPlastic composite Research Centre op de Universiteit van Twente, waaraan naast TenCate ook vliegtuigbouwer Boeing en technisch concern Stork deelnemen. 'Dat is eigenlijk ook bij toeval ontstaan,' herinnert Meurs zich terwijl hij zich tot Kok richt. 'Als jij die en die niet had gekend, dan was het er nooit van gekomen.' Kok schudt enigszins verlegen zijn hoofd. 'Zo gaan die dingen,' vervolgt Meurs terwijl hij zich weer tot mij richt. 'Iemand gooit eens een balletje op, die kent die binnen Boeing... Dat kun je niet managen. En dan kom je er ook niet met een MBA op zak en drie jaar ervaring als manager van een koekjesfabriek. Je moet dan echt in deze business zijn opgegroeid om over het netwerk te beschikken en de technische kennis te hebben om met die partijen te kunnen schakelen.'

Meurs werkt zelf al achttien jaar voor TenCate en hij heeft al heel wat veranderingen aan zich voorbij zien trekken. 'Toen ik hier begon, zaten we bijvoorbeeld nog volop in de plastics. We maakten plastic buizen en verpakkingsmateriaal, producten met een lage toegevoegde waarde en dus een heel lage marge. Het was de visie van Loek de Vries, de bestuursvoorzitter, om weer terug te keren naar onze oorsprong: het fabriceren van materialen. Daar hebben we in de loop der jaren tenslotte enorm veel expertise in opgebouwd, die kennis moet je niet zomaar weggooien. Maar je moet je dan wel richten op innovatieve, technische materialen met een hoge toegevoegde waarde, zoals kogelwerende vesten, vliegtuigvleugels en kunstgras. Doe je dat niet, dan kom je uiteindelijk in dezelfde positie terecht als met die plastics. Dan zul je steeds goedkoper moeten produceren en de productie moeten verplaatsen naar landen met de laagste lonen.' Meurs kijkt een beetje dromerig voor zich uit. Dan vervolgt hij: 'Dus als we niet steeds iets nieuws uitvinden, dan is het einde verhaal. Dan kun je de tent hier wel sluiten. Het succes van TenCate is dat we in staat zijn gebleken om onszelf om de zoveel jaar opnieuw uit te vinden. Dat zit in dit bedrijf.'

Vijftien kilometer verderop, op het hoofdkantoor van TenCate in Almelo, probeert directeur corporate development en investor relations Frank Spaan deze innovatieve instelling cultureel te duiden: 'We hebben hier in Twente de uitdrukking "kieken wat 't wordt". Dat betekent zoiets als: laten we het eens proberen. We zijn natuurlijk allang geen puur Twents bedrijf meer, maar iets van die onderzoekende houding zit nog wel in dit bedrijf, denk ik.'
Het hoofdkantoor van het technologiebedrijf bevindt zich in een vooroorlogse villa op loopafstand van het station van Almelo. Hier werken in totaal 34 mensen, onder wie twintig financieel specialisten die zich bezighouden met de financi-

ele verslaglegging en investor relations. De overige veertien medewerkers, onder wie de tweekoppige raad van bestuur, sturen een multinational aan met 4500 medewerkers in dienst en vestigingen in tientallen landen wereldwijd. De directeuren van de vier groepen en de vestigingsmanagers van de diverse fabrieken hebben een grote operationele vrijheid, vertelt Spaan. 'We hebben één keer per kwartaal overleg, maar zij zijn in principe verantwoordelijk voor de business. We krijgen eigenlijk nooit een vraag als: "We hebben hier een product voor *fish farming*; mogen we dat doen of niet?" Nooit. Iedereen weet welke eisen we stellen aan de markten waarop we actief willen zijn. Kijk, ze staan hier op het kaartje.' Spaan laat een kaartje zien met daarop een ingewikkeld ogend schema en tekstjes als 'cost leader', 'value chain management' en 'innovation'. 'En op de achterkant staan onze waarden, de 10Cate,' zegt hij terwijl hij het kaartje omdraait. Effectief, betrokken, innovatief, lees ik snel, maar Spaan heeft het kaartje alweer naar zich toe getrokken. 'Een directeur moet in een paar minuten kunnen uitleggen waarom hij een bepaalde keuze heeft gemaakt. Kan hij dat meerdere keren niet, dan moet hij zich toch eens flink achter de oren krabben of hij de strategie wel begrijpt en of hij wel op de goede plek zit.'

De meeste nieuwe producten ontstaan uit het doorontwikkelen van bestaande producten, vertelt Spaan. In feite is TenCate nog steeds een textielbedrijf, met dit verschil dat het tegenwoordig weeft met kunstvezels en dat het weefproces tot in

de perfectie is doorontwikkeld. 'We krijgen vanuit de markt heel vaak de vraag: kunnen jullie dat voor ons maken? Of: ik zie dat jullie dat en dat kunnen, kunnen jullie dit dan ook? Daar gaan we dan meestal graag op in, want het is natuurlijk een prachtige uitgangspositie als de klant iets van je wil.'
Niet dat TenCate zich laat meevoeren op elke beweging die de markt maakt, benadrukt Spaan. Er zit wel degelijk een strategie achter de innovatie van het bedrijf. Een van de belangrijkste voorwaarden is dat het nieuwe product een hoge toegevoegde waarde heeft. 'Hoe zwaarder de specificaties, hoe interessanter het voor ons wordt. Bijvoorbeeld persoonlijke bescherming, onze materialen voor kogelwerende en brandwerende vesten. Die moeten aan de allerhoogste eisen voldoen, daar wil je geen concessies aan doen. Dat is dan een interessante markt voor ons.' Nog mooier is als de producten van TenCate een nieuwe standaard zetten, zoals in het geval van Defender M, de vlamwerende militaire uniformen die het bedrijf samen met het Amerikaanse leger ontwikkelde en die hebben geleid tot nieuwe normen waaraan militaire uniformen moeten voldoen.
'Eigenlijk zijn er te veel ideeën,' verzucht Spaan. 'We moeten keuzes maken. Criteria daarbij zijn onder meer de marktpotentie en hoe dicht het nieuwe product bij onze bestaande business staat. Daarnaast hebben we een viertal wereldwijde trends benoemd waarvan we verwachten dat die zullen leiden tot een vraag naar bepaalde materialen: leven en dood, milieu, luchtvaart en watermanagement. Kunstgras bijvoor-

beeld hoeft niet besproeid te worden en leidt dus tot minder gebruik van water. In de luchtvaart speelt momenteel vooral de behoefte aan brandstofbesparing en dus het gebruik van lichte materialen. Soms wijk je van deze strategie af en stap je in producten die niet direct voldoen aan de criteria die we stellen, maar dat doe je dan bewust. We zijn bijvoorbeeld betrokken bij de ontwikkeling van lichte materialen voor auto's. Niet omdat we daar nou zo'n enorme markt voor TenCate in verwachten, want een motorkap kun je van heel veel materialen maken, daar hebben ze ons niet voor nodig. Maar we willen onze ontwerpers graag aan het denken zetten over de auto van de toekomst. En wie weet, leidt het tot iets interessants. Kieken wat 't wordt.'

In de trein terug naar Amsterdam lees ik een artikel uit *Fortune* van november 2003. 'Who's afraid of a new product?' staat erboven. 'Not W.L. Gore.' Het artikel beschrijft hoe het Amerikaanse bedrijf bekend van Gore-Tex steeds nieuwe markten betreedt die weinig met de bestaande business te maken lijken te hebben, maar waarop Gore vaak razend succesvol is. Zo is het bedrijf een grote speler op zulke diverse terreinen als gitaarsnaren, tandzijde, medische hulpmiddelen en brandstofcellen. Het klinkt als de overtreffende trap van TenCate, dat weliswaar zeer diverse producten als kunstgras, vliegtuigvleugels en beschermende kleding maakt, maar toch nog enige structuur in zijn productontwikkeling aan lijkt te brengen.

Het verschil, lees ik, zit hem waarschijnlijk in de grote vrijheid die de medewerkers (bij Gore *associates* genoemd) krijgen in het opzetten van hun eigen projecten. 'Je vertelt niemand bij Gore wat hij moet doen,' zegt verkoopleider Dave Lane in het artikel. De *associates* hebben geen functieomschrijving en geen baas in de traditionele zin, maar committeren zich aan een project waarvan zij denken dat het hun tijd het meest waard is en dat het best bijdraagt aan het succes van het bedrijf. Alle onderzoeksmedewerkers mogen tien procent van hun tijd spenderen aan het ontwikkelen van nieuwe ideeën. Zij worden daarin begeleid door een sponsor, een oudere collega die de ideeën toetst op haalbaarheid en de kans dat het bedrijf er geld mee gaat verdienen. Zo kunnen er op elk willekeurig moment honderden projecten binnen het bedrijf lopen, in verschillende stadia van ontwikkeling. 'Het is een balanceeract,' erkent technologieleider Bill Mortimer (Gore kent ook geen managers, maar leiders die door de *associates* worden aangewezen). 'Maar je kunt niet alles managen vanuit een centrale eenheid. Dus als we een keer het gevoel hebben dat er te veel projecten zijn, dan nemen we wat gas terug.' En als er te weinig projecten zijn, zijn er altijd wel mensen die de boel eens flink opschudden.

Dat klinkt interessant. Op de website van het bedrijf vind ik een beschrijving van de 'latwerkorganisatie' (*lattice*) zoals oprichter Bill Gore die voor ogen had voor zijn bedrijf. Omdat ik me daar eigenlijk weinig bij kan voorstellen, wil ik het bedrijf wel eens zelf bezoeken. Dus neem ik contact op met de persafdeling van Gore in Newark. In de maanden die volgen, stuur ik tientallen mailtjes naar het bedrijf en bel ik diverse keren het nummer op de website. Op mijn mails krijg ik geen reactie en mijn telefoontje eindigt steevast in een voicemail. 'Hi, you've reached the voicemail of... leave your message after the beep and I'll come back to you as soon as possible.' Om gek van te worden. Ik trek al bijna de conclusie dat het dus niet werkt, medewerkers zelf verantwoordelijk laten zijn voor hun werk, als ik eindelijk word teruggebeld door Michael Haag, de Duitse woordvoerder van het Europese hoofdkantoor van Gore in Putzbrun bij München. Maar ook hij kan mij helaas niet helpen, vertelt hij half in het Duits en half in gebroken Engels. De komende maanden hebben ze écht geen tijd om een journalist uit Nederland te ontvangen, het spijt hem verschrikkelijk. Hij kan me wel wat materiaal toesturen over het bedrijf, misschien dat ik daar wat aan heb. En als ik dan nog vragen heb, kan ik die misschien per mail stellen.

Ik heb helaas weinig keus en wacht geduldig de informatie die hij me stuurt af. Bijna twee weken later en met een begeleidend mailtje waarin hij zich verexcuseert dat het zo lang heeft geduurd, stuurt hij me een artikel uit het Duitse economietijdschrift *Brand Eins* waarin het bedrijf met de scientology wordt vergeleken (blijkt een misverstand) en een pdf van een hoofdstuk uit het boek van Gary Hamel en Bill Breen, *The future of management* uit 2007. Dat had ik al eerder gelezen, dus ook daar schiet ik weinig mee op. Als ik bij herlezing de passage tegenkom waarin Hamel en Breen de lezer uitnodigen om toch vooral een keer te gaan kijken bij Gore, geef ik het op en besluit ik me liever te gaan verdiepen in een organisatie die de laatste tijd flink onder vuur ligt (soms letterlijk!): de politie.

17 I DE BUREAUCRATISCHE REFLEX

Het wijkteam Lodewijk van Deijsselstraat van de politie Amsterdam-Amstelland is gevestigd in een nieuw pand aan de gelijknamige straat in Amsterdam Geuzenveld-Slotermeer. Voor de deur is de straat opgebroken en het kost me enige moeite om een goede plek te vinden voor mijn fiets. In de wachtruimte van het bureau zitten twee mensen van allochtone afkomst verveeld onderuitgezakt op stoeltjes met elkaar te praten. De politievrouw achter de balie besteedt geen aandacht aan hen, maar voert een geanimeerd telefoongesprek met wat zo te horen een collega is. Als ze mij in de gaten krijgt, gaat ze daar nog een tijdje mee door, maar dan kapt ze plotseling het gesprek af en vraagt ze of ze mij kan helpen.
Ingrid van der Veeken, de wijkteamchef met wie ik een afspraak heb en die me na een minuutje of twee wachten op komt halen, beantwoordt in geen enkel opzicht aan het standaardbeeld van een politievrouw, laat staan van een politiechef. De jonge, aantrekkelijke vrouw is gekleed in een trui en een spijkerbroek. Het is eigenlijk haar vrije dag, legt ze uit, terwijl ze me over de afdeling voert. Normaal heeft ze wel een uniform aan, maar vandaag moest ze wat boodschappen doen en dan is zo'n uniform niet handig. Ze stelt me voor aan haar collega Roos Speelman, die zegt dat ze er zo aan komt, en

met een blikje fris in de hand nemen we plaats aan een grote tafel in een van de kamers van het bureau. Als Speelman, een kleine, pittige vrouw van ongeveer dezelfde leeftijd als Van der Veeken, is aangeschoven, kijken de twee wijkteamchefs me verwachtingsvol aan.

Ik vertel dat ik bezig ben met een boek en dat het hun baas, districtchef Erik van der Hulst, wel een goed idee leek om eens met hen te gaan praten. 'Niet alleen omdat jullie vrouw zijn en dit werk in een duobaan doen, maar ook omdat jullie dit team volgens hem op een heel bijzondere manier aansturen.' Veel meer hebben de dames niet nodig om van wal te steken. 'Wij sturen hier heel erg op eigen verantwoordelijkheid,' zegt Van der Veeken. 'We zijn vaak verbaasd als mensen dingen komen vragen. "Regel het maar," zeggen we dan. "Houd ons op de hoogte, maar ga het vooral doen!"' Speelman vult aan: 'Toen wij hier kwamen, was alles heel goed geregeld. Er waren duidelijke afspraken over wie waar verantwoordelijk voor was en er waren heldere procedures. Maar wat een beetje ontbrak, vonden wij, waren creativiteit en het nemen van eigen initiatief. Wij kunnen niet alles beslissen, want wij zijn er lang niet altijd. Daarom hebben we geprobeerd om de boel een beetje op te schudden.' Van der Veeken: 'Wat drijft je? Dat is voor ons belangrijk. Waar zit je vlammetje? We zeggen vaak: ga nou eens proberen een boef te vangen. Dat is toch waarom de meeste mensen bij de politie zijn gegaan: mensen helpen en het kat- en muisspel met criminelen. Dat proberen we weer een beetje bij hen aan te spreken.'

Met moeite krijg ik er een vraag tussendoor: of ze verschillen zien met de oudere generatie politiechefs. Speelman: 'Ik denk dat het grote verschil zit in de manier waarop wij met de collega's omgaan. Vóór ons zaten hier allemaal mannelijke chefs, en ook zeker niet de minste. Maar als je ziet wat ze hebben gedaan op personeelsgebied, bijvoorbeeld mensen durven ontslaan, doorpakken als dat nodig is, dan valt dat nogal tegen. Als ik iemand aanspreek op zijn gedrag, krijg ik heel vaak de reactie: "Goh, je bent de eerste die dat tegen mij zegt." Terwijl je weet dat de oude chef dat ook vond. We praten heel veel over elkaar, maar durf je dat ook tegen die persoon zelf te zeggen? Wij proberen dat in elk geval wel te doen.'

Als hun belangrijkste taak zien Van der Veeken en Speelman om er te zijn, zeker op momenten dat het spannend wordt. 'We hadden hier laatst die toestand met die ambulancebroeders die bedreigd werden,' vertelt Speelman. 'Toen ben ik 's avonds wel hierheen gekomen om te helpen. Je kunt misschien niet zo veel doen, want de eerste verantwoordelijkheid ligt op zo'n moment bij de chef van dienst. Maar er gewoon zijn en rust uitstralen is op zulke momenten heel belangrijk. Gelukkig bleef het rustig op straat, maar het zijn vooral de bestuurlijke drukte en de enorme media-aandacht die je op zo'n moment moet kanaliseren.' Van der Veeken: 'Je probeert de informatie zo zuiver mogelijk te houden, anders breekt er paniek uit. Dus: wat is er écht gebeurd? En niet: wat maken de media ervan? Ook naar de leiding toe moet je dat goed managen, anders breekt ook daar de paniek uit.'

'De grote uitdaging voor de politieleiding is om werkelijk verbinding te maken met wat er door de agenten op straat wordt beleefd,' doceert Jan Nap, programmamanager aan de School voor Politie Leiderschap in het Gelderse Warnsveld. 'Aanwezig zijn voor de mensen in de uitvoering en verbinding maken met het echte politiewerk, met de bezieling van het vak. Dat is een uitdaging omdat de zuigkracht van die andere kant, van de regels en de cijfers en de behoefte aan controle, zo sterk is. Elke keer als er een incident is, zoals in Gouda met die buschauffeurs of in Amsterdam met de ambulancebroeders, klinkt er weer de roep om meer regels en harder optreden door de politie. Vooral de media en de politiek spelen daarin een steeds dominantere rol. Maar de politieke logica is een heel andere dan de uitvoeringslogica. Dan worden er nieuwe regels en protocollen opgesteld, maar in de praktijk verandert er voor de agenten op straat weinig tot niets.'

Nap leunt ontspannen achterover in de luie stoel op een zolderkamer van het statige witte landhuis Huize 't Velde, dat dienstdoet als de 'huiskamer' van de Nederlandse politietop. Hier hebben heel wat politiechefs herinneringen liggen, vertelt Nap, zelf een voormalige politiechef. 'Bij de politie heerst nog een heel sterke wij-zijcultuur,' vertelt hij. 'Wij, de agenten op straat, en zij, de leiding. Toen ik bij de politie Leiden kwam, werd er tegen mij gezegd: "Alles boven schaal 8 is niet te vertrouwen." Dat is misschien een beetje sterk uitgedrukt, maar die kloof is bij de politie nog heel erg. Er valt voor de politiechef nu eenmaal meer eer te behalen met zaken die niet met het inhoudelijke, primaire proces te maken hebben. Met beleidsplannen en het overleg in de driehoek. En aan de andere kant: de agenten op straat laten zich ook niet makkelijk in de kaart kijken over wat er zich werkelijk allemaal op straat afspeelt. Daarom adviseren wij de deelnemers aan onze programma's om eens een dienst mee te draaien, om zelf regelmatig in de uitvoering te verschijnen. Daar leg je veel eer mee in bij de uitvoering.'

Een voorbeeld van die kloof tussen politietop en 'streetcops' komt eind 2009 aan het licht als er een vernietigend rapport van het Instituut voor Veiligheids- en Crisismanagement COT verschijnt over de rol van de Rotterdamse korpsleiding bij de strandrellen in Hoek van Holland enkele maanden eerder. De stoïcijnse reactie van de korpsleiding op het rapport is veel agenten in het verkeerde keelgat geschoten, meldt onder meer *de Volkskrant*. 'Er lijkt een ontkoppeling gaande tussen de werkvloer en de korpsleiding,' stelt de voorzitter van de politievakbond ACP, Gerrit van de Kamp. 'De agenten zullen het niet accepteren als er straks personele maatregelen volgen voor politiemensen in lagere rangen, terwijl de eindverantwoordelijken voor het falen in Hoek van Holland blijven zitten.'

Een enquête van de SP uit november 2009 onder tienduizend agenten brengt eveneens een grote onvrede aan het licht. Vier op de tien agenten twijfelen zelfs of ze bij de politie willen blijven. De hoge werkdruk, de toenemende agressie tegen de politie op straat en de karige salarissen worden door de dienders als grootste problemen ervaren. Ook de bureaucratie stoort de agenten mateloos. Zo moet bijna tachtig procent van de agenten nog steeds verplicht bonnen schrijven, terwijl het kabinet de quota al in 2007 had geschrapt. 'Er gaapt een diepe kloof tussen de papieren werkelijkheid van het ministerie en de echte werkelijkheid op straat,' zegt de toenmalige fractieleider van de SP, Agnes Kant, in reactie op het onderzoek.

In Warnsveld vraagt Nap zich intussen hardop af of de politieleiding wel echt grip heeft op de werkvloer, de agenten op straat. 'Volgens mij is dat een illusie. Je kunt nog zo veel richtlijnen en protocollen uitvaardigen, uiteindelijk bepaalt de agent op straat hoe hij zijn werk doet. Hij ziet iets verdachts en dan kan hij twee dingen doen: hij kan er achteraan gaan of niet. Iemand rijdt door rood: schrijft hij een bon uit of laat hij het bij een waarschuwing? Dat bepaalt hij. En hij bepaalt ook of hij al dan niet aan de leiding rapporteert en hoe. De grote vraag voor de leiding – en daar zoeken wij hier ook naar – is dan: hoe stuur je die zelfsturing? Niet door nog meer cijfers en regels over de organisatie uit te strooien, want dat leidt tot infantilisering. Maar hoe dan wel? Ik denk inderdaad door de verbinding te zoeken met de uitvoering, door vertrouwen te geven en door weer terug te keren naar waar het echt om gaat in het politiewerk.'

Hoe stuur je zelfsturing? Het klinkt bijna als een paradox, maar het is uiteindelijk wel de grote vraag, denk ik, ook in dit boek. Maar als zelfs de Nederlandse politie naar het antwoord op zoek is, dan is er echt iets aan het veranderen. Dan hebben we hier te maken met een ware revolutie, of zoals je tegenwoordig moet zeggen: een paradigmashift. Omdat ik wil weten of er ook in de praktijk echt wat aan het veranderen is en het niet een of ander hersenspinsel is van een managementtheoreticus, vraag ik Nap of hij me namen kan geven van politiechefs die het al in de praktijk brengen, die zelfsturing. Zo kom ik uiteindelijk terecht op de kamer van Erik van der Hulst, districtchef in Amsterdam-West, en diens plaatsvervanger Frank Kelder. De twee hebben iets van een komisch duo, waarbij Kelder fungeert als aangever en Van der Hulst als afmaker. 'We doen eigenlijk alles samen,' zegt Kelder. 'Het is bijna een soort huwelijk.' Van der Hulst: 'Mijn vrouw klaagt al dat ik Frank vaker zie dan haar.'

Het district waarvoor Van der Hulst en Kelder verantwoordelijk zijn, kun je gerust een uitdaging noemen: 270.000 inwoners in 'moeilijke' Amsterdamse wijken als Bos en Lommer, Slotervaart en Osdorp. Er gebeurt nogal eens wat, en als je niet oppast, zegt Van der Hulst, rol je van het ene incident in het andere. 'Als er iets gebeurt, schreeuwt de politiek meteen om maatregelen. Maar wat is de lijn? Waar gaat het om? We zeggen dat de politie waakzaam en dienstbaar is, maar heeft het publiek ook het idee dat de politie waakzaam en dienstbaar is? Dat zit hem vaak in heel kleine dingen, die de mensen

op de werkvloer elke dag waar moeten maken. Dus uiteindelijk gaat het erom dat zij weten wat ze hier komen doen.'
Kelder vervolgt: 'Je moet afstappen van het idee dat de organisatie maakbaar is. Je kunt een organisatie van 650 man niet continu aansturen; wij zitten ook wel eens thuis op de bank tv te kijken. Je moet er dus op vertrouwen dat de collega's weten wat er moet gebeuren, dat zij doen wat nodig is.'
Van der Hulst: 'En in 99 procent van de gevallen is dat ook zo, dan lossen ze het goed op. Die ene keer dat het niet goed gaat, daar moet je over praten en proberen ervan te leren. Maar het is natuurlijk onzin om voor die ene procent alle controle maar weer naar je toe te halen, als dat al zou kunnen.' Kelder weer: 'Dat hele cijferfetisjisme, dat helpt ons geen ene zier. Wordt het daar veiliger van? Vaak worden die cijfers gewoon opgepoetst en dan lijkt het beter te gaan, maar in de praktijk verandert er helemaal niets.'
'Laat je zien op de werkvloer,' adviseert Van der Hulst. 'Maak gebruik van de ideeën van de medewerkers. Die hoef je eigenlijk alleen nog maar een beetje in te kaderen. Soms een beetje afremmen, maar je hoeft er in elk geval niet zelf aan te trekken.' Faciliteren, zo zien de twee politiechefs hun rol. En de organisatie een beetje beschermen tegen alle maatregelen en regels die er van bovenaf over worden uitgestrooid. Van der Hulst: 'Bijvoorbeeld die prestatiecontracten, het aantal bonnen dat je als team moet uitschrijven. Wij hebben in ons jaarplan gezet: "Het gaat niet om de kwantiteit, het gaat om de kwaliteit." Dus het aanpakken van hangjongeren telt dubbel,

dan krijg je een bonus. Daar is geen reactie op gekomen vanuit de top, dus doen we het zo.'

'Je moet erop vertrouwen dat iedereen zijn best doet,' vat Kelder samen. 'Dat iedereen hetzelfde doel voor ogen heeft. En je moet ervoor openstaan dat ze zelf ideeën hebben. Soms zijn dat ideeën waarvan ik denk: mwoah, ik weet het niet. Maar laat gaan.'

Sinds de gesprekken met de politiechefs van Amsterdam-West kijk ik toch heel anders naar de agenten die bij mij door de straat rijden (ik woon zelf in de Baarsjes, een van de wijken die onder het district van Kelder en Van der Hulst vallen). Ook de krant lees ik sindsdien anders: de pavlovreactie van de politiek op elk incident is bijna lachwekkend te noemen als de gevolgen niet zo ernstig waren. In september van 2009 wijst hoogleraar Beleids- en bestuurwetenschap aan de VU, Willem Trommel, in zijn oratie op deze kwalijke gevolgen. Volgens Trommel leidt de overheid aan een opgeklopt maakbaarheidsideaal en grijpt zij daarom steeds dieper in het leven van individuele burgers in. 'In Rotterdam zijn interventieteams bezig. Onaangekondigd gaan die teams naar binnen... Het zijn bijna razzia's. Rechten van personen worden opgeofferd in naam van het algemeen belang.'

Het gulzige bestuur loopt volgens Trommel vast in deze regelzucht, 'omdat de ambities zo hoog zijn. Men vertrouwt er niet meer op dat die politieman of wetenschapper uit zichzelf zijn werk goed doet. Daar moeten systemen voor worden ontwikkeld, die moeten ook geëvalueerd worden. Dat ontspoort in ondoorzichtige managementconstructies.' Volgens de hoogleraar is het beter de professionals hun werk te laten doen: 'Ik geloof niet in die afrekenmechanismen en targets. Er wordt wel over gesproken professionals meer vertrouwen te geven, maar ik zie het nergens gebeuren.'

Dat laatste ben ik dus niet met Trommel eens. Ik ben juist heel veel organisaties tegengekomen die zoeken naar alternatieven voor de doorgeslagen regelzucht en managementconstructies. Dat het langzaam gaat, is logisch; heel veel mensen, vooral managers, hebben er iets bij te verliezen. Maar de geest is uit de fles. En zij laat zich er ook niet meer in terugstoppen.

18 | THE SEVEN HABITS OF HIGHLY EFFECTIVE ORGANIZATIONS

'Je gaat het pas zien als je het doorhebt.' Over de wijsheden van voetballegende Johan Cruijff wordt soms een beetje lacherig gedaan, maar ze bevatten vaak een grote kern van waarheid. Toen ik het eenmaal doorhad, toen ik de ontwikkeling zag naar meer zelfsturing en minder managers, zag ik in elk geval overal organisaties opdoemen die dit in praktijk proberen te brengen. Organisaties die hun medewerkers meer verantwoordelijkheid, vertrouwen en zeggenschap proberen te geven. Ze moeten wel, willen ze de beste mensen binnenhouden en nog een beetje creatief en productief laten zijn ook. Ze proberen de regelzucht, de controle en het wantrouwen terug te dringen, hoewel dat zeker niet eenvoudig is, want regels en wantrouwen zijn even hardnekkig als het ergste onkruid. Ze brengen het aantal managers terug, of geven hun een andere, meer coachende rol. De oude, hiërarchische bouwwerken brokkelen af en zijn hier en daar al vervallen tot ruïnes uit lang vervlogen tijden. De dagen van de manager lijken geteld. Niet dat de gedachte aan meer zelfsturing en minder sturing van bovenaf nou zo nieuw en revolutionair is. Dat was misschien wel de meest opmerkelijke vondst die ik deed tijdens mijn zoektocht naar de nieuwe organisatie: dat zelfs de Pruisische legerleiding halverwege de negentiende eeuw al begreep dat je soldaten op het slagveld de ruimte moet geven om zelfstandig beslissingen te nemen. Doe je dat niet, dan moeten ze voor elke actie toestemming vragen aan hun commandant en lopen ze dus voortdurend achter de feiten aan. Maar de Duitsers verloren de oorlog (gelukkig maar!) en daardoor kon een ander model dominant worden: het Amerikaanse *command and control*-model van Frederick Winslow Taylor. Dat gaat uit van een domme arbeidskracht die uitvoerig geïnstrueerd en begeleid moet worden door een manager bij elke handeling die hij verricht. Van dit model plukken we nog steeds de wrange vruchten.

Maar er is dus wat aan het veranderen. Dat begon zo'n beetje halverwege de jaren negentig met sommige productiebedrijven die het Japanse managementmodel TPM ontdekten. Vervolgens was er de opkomst van internet, dat werknemers meer controle gaf over de informatievoorziening binnen de organisatie en meer vrijheid om hun werk ook buiten kantoor te doen of buiten de standaard kantoortijden. De massale invoering van 'het nieuwe werken' in tientallen grote Nederlandse organisaties is een serieuze doorbraak op het gebied van zelfsturing, hoewel hier voor veel organisaties nog een hoop werk te verzetten valt. Je bent er namelijk niet met het installeren van een internetverbinding bij de werknemer thuis en de inrichting van flexplekken op kantoor; je zult vooral iets moeten doen aan de manier waarop je medewerkers aanstuurt (of juist niet aanstuurt!). Daarom is 'het nieuwe werken' ook niet voorbehouden aan kantoorwerkers alleen, zoals veel IT-bedrijven ons graag willen doen geloven. Zelfs de politieagent op straat of de verpleegster aan het bed van de patiënt kan 'nieuw' werken.

Een belangrijke les die ik heb geleerd tijdens mijn zoektocht naar de nieuwe organisatie, is dat zelfsturing niet eenvoudig is. Het vergt nogal wat van de organisatie en haar mensen. De druk van buiten om de organisatie strak te managen is groot en bovendien zijn de meesten van ons opgegroeid in een systeem waarin er bazen en knechten zijn. Die bazen hebben heel wat te verliezen als ze de teugels uit handen geven, waaronder status, een eigen kamer en een auto van de zaak. En ook voor die knechten kan het best beangstigend zijn om ineens verantwoordelijk te zijn voor hun handelingen in plaats van de verantwoordelijkheid af te kunnen schuiven op een baas. Maar het levert de organisatie zo veel meer op als je werkelijk gebruikmaakt van de creativiteit, de inzet en het zelfdenkend vermogen van de medewerkers. Vrijwel alle organisaties die ik in dit boek heb geportretteerd, van Buurtzorg Nederland en TenCate tot Semco en Interpolis, zijn minstens twintig tot dertig procent productiever en creatiever dan vergelijkbare organisaties die het *command and control*-model hanteren. Hun klanten of patiënten zijn tevreden, hun medewerkers gaan met meer plezier naar hun werk, melden zich minder vaak ziek en voelen zich meer betrokken bij hun werk en bij de organisatie. Veel van deze organisaties zijn dan ook jaar in jaar uit terug te vinden in de top van de lijstjes van beste werkgevers of 'Great place to work'.

Wat is hun geheim? Wat doen zij goed waar veel andere organisaties zo opzichtig falen? Allereerst denk ik dat zij zelfsturing of het geven van vertrouwen aan hun medewerkers niet alleen met de mond belijden, maar dat zij dit ook dagelijks in de praktijk brengen. Het zit, zoals professor Ad Vogelaar het uitdrukt, in de genen van die organisaties. Ze hebben daarnaast een aantal structuren aangebracht die ervoor zorgen dat zij hun geloof in zelfsturing trouw blijven. Het is namelijk heel gemakkelijk om terug te vallen op sturing en controle als het een tijdje tegenzit en het buiten stormt. Om dit te voorkomen heb je een aantal ankers nodig die je op koers houden. Deze ankers of structuren zullen voor verschillende organisaties anders zijn, omdat ze onder meer afhangen van de activiteiten en de omgeving waarin ze opereren. Toch zijn er wel patronen te herkennen in de structuren die de organisaties in dit boek hebben aangebracht om op koers te blijven. Op het gevaar af dat dit boek uitmondt in een standaard managementboek met het onvermijdelijke lijstje *tips and trics* hoe je de ideale organisatie inricht (want daar geloof ik helemaal niet in), wil ik je deze patronen niet onthouden. Niet om ze klakkeloos over te nemen, want dat gaat zeker niet werken. Maar wel om je aan het denken te zetten en misschien iets te leren van de lessen van anderen. Zodat jij het misschien, à la Cruijff, ook gaat zien.

Ik kom tot zeven principes die de meeste van deze organisaties in meerdere of mindere mate hanteren. Daarom volgen hier – met een flinke knipoog naar oppergoeroe Stephen Covey – *the seven habits of highly effective organizations*.

1. Begin met het doel

Ruim voordat een eenheid van de Taskforce Uruzgan in Afghanistan Kamp Holland verlaat, wordt het doel van de missie die zij geacht wordt uit te voeren uitvoerig besproken met de commandant van de eenheid en met de manschappen. Dat is hét moment om vragen te stellen of bedenkingen te uiten; eenmaal in het veld moet de missie voor iedereen volstrekt helder zijn en moet iedereen gewoon zijn taak uitvoeren. Mocht de eenheid onverwacht op verzet stuiten, dan wordt ze geacht te handelen in de *commander's intent*, dus volgens de intenties van de commandant in de *ops room* en in lijn met de afgesproken missie. Ze hoeft dan niet te wachten op instructies.

Begin dus met het doel: wat wil je met elkaar bereiken? Dat klinkt eenvoudig, maar hoe vaak wordt hier binnen een organisatie werkelijk over gepraat? Hoe vaak heb je met je collega's een gesprek over wat je werkelijk drijft? Over wat je wilt bereiken in het leven en hoe je werk daar een onderdeel van is? Maar ook: wat is van dag tot dag je bijdrage aan dat doel en aan de organisatie? Door het structureel aan te pakken en te integreren in de dagelijkse manier van werken, zoals Defensie doet in de voor- en nabespreking van de missie, voorkom je dat dit belangrijke onderdeel van je werk bedolven raakt onder al die urgente zaken die continu om aandacht vragen.

Voor de verpleegkundigen van Buurtzorg Nederland is het grotere doel zorgbehoevende mensen helpen om zo snel mogelijk weer zelfstandig te functioneren. Dat is de missie van de organisatie, en een van de belangrijkste redenen waarom zoveel verpleegkundigen zich spontaan bij Buurtzorg aanmelden. Dat is namelijk ook precies de reden waarom zij ooit kozen voor een baan in de zorg. Door in het wekelijkse overleg alle cliënten met elkaar te bespreken, houden de verpleegkundigen van de verschillende eenheden elkaar hierin voortdurend scherp en voorkomen ze dat andere overwegingen zoals geld of regels de boventoon gaan voeren.

Een missie hoeft overigens niet altijd zo verheven te zijn. Voor de werknemers van de soepfabrieken van Unox is het gewoon het voortbestaan van de fabriek en daarmee het behoud van de werkgelegenheid. Ook dat is een krachtig doel. Als het maar iets is waar medewerkers zich mee kunnen verbinden. Dat doen ze niet als het allemaal ter meerdere eer en glorie is van de topman of voor het spekken van diens bankrekening. Dan haken ze af.

2. De organisatie is plat

De nieuwe organisatie kent geen rangen en standen, er zijn geen dikke lagen van (midden)managers of 'gewichtigdoenerige' figuren die zichzelf een groter deel van de koek toe-eigenen of zich bepaalde privileges veroorloven. *We're in this together.* Vaak wordt dit nog wel met de mond beleden, maar in de praktijk blijkt dat eigenlijk nergens uit. Want het betekent nogal wat, vooral voor de managers in grote concerns. Iemand als Theo Rinsema van Microsoft begrijpt dat. Hij snapt dat als je iedereen zijn eigen bureau afpakt, je als baas het goede voorbeeld moet geven en zelf niet in een grote hoekkamer met vijf ramen moet blijven zitten. Dat je dan, net als iedereen, 's ochtends aan moet schuiven aan een van de flexplekken die nog beschikbaar zijn. En weet je? Het levert hem ongelooflijk veel op. Zo hoort hij nog eens wat en is hij veel makkelijker aanspreekbaar voor zijn mensen.

Eigenlijk begrijpen alle bazen die ik heb gesproken dit. Zij zijn vrijwel zonder uitzondering de bescheidenheid zelve. Ze steken gerust een handje toe op de financiële administratie of de marketing als de situatie daarom vraagt en laten zich niet voorstaan op het feit dat ze de baas zijn. In sommige organisaties die ik tegenkwam – zoals Finext – zijn de formele functies zelfs helemaal afgeschaft, want ze leiden alleen maar tot onnodige statusverschillen die een goed functioneren van de organisatie en de ontwikkeling van mensen in de weg staan. En natuurlijk zijn daar ook mensen die de kar trekken, die de leiding op zich nemen. Maar ze doen dat alleen maar voor de duur van een project of wanneer de organisatie wel een duwtje in de rug kan gebruiken. En alleen als anderen dat leiderschap ook accepteren.

3. Laat de uitvoering over aan de uitvoerder

Binnen een halfuur na de vuurwerkramp in Enschede op 13 mei 2000 wordt in het gemeentehuis van de stad een commandocentrum ingericht. De leden van het gemeentelijke rampenteam, onder wie burgemeester Mans, zijn snel ter plaatse, om vervolgens tot de ontdekking te komen dat er nauwelijks verbindingen zijn met de hulpdiensten in het rampgebied. Na een kort overleg en nadat de burgemeester het rampenplan in werking heeft gesteld, besluit een aantal aanwezigen om dan maar zelf poolshoogte te nemen in het rampgebied. Enigszins tot hun verbazing komen ze er daar achter dat veel maatregelen die zij dachten te moeten coördineren al genomen zijn: alle hulpdiensten in de wijde omtrek zijn gealarmeerd en onderweg, het gebied is afgezet, de brandweer is druk bezig met het blussen van de enorme vlammenzee en wordt daarbij geassisteerd door de bedrijfsbrandweer van Akzo Nobel en door Duitse collega's en er is zelfs al een noodopvang ingericht voor de slachtoffers. Het zal daarna nog vele uren voordat het crisisteam de coördinatie van de hulpverlening kan overnemen.

Dat is eigenlijk de kern van dit boek: laat de uitvoering daar waar zij thuishoort, namelijk bij de uitvoerders. Die weten vaak heel goed wat er moet gebeuren en nemen over het algemeen meteen hun verantwoordelijkheid, bijvoorbeeld na een ramp. Dit blijkt onder meer uit een onderzoek van Astrid Scholtens van de Vrije Universiteit naar de hulpverlening bij diverse recente rampen. 'De brandweer gaat branden blussen, de politie handhaaft de orde en medische hulpverleners verzorgen de gewonden.' Tenminste, zolang ze daar de ruimte voor krijgen. Want zodra er een chef, bevelhebber of manager komt die hun gaat vertellen wat ze moeten doen, gaat het mis. Dan gaan ze wachten totdat ze een opdracht krijgen en wordt de hulpverlening opeens gehinderd door de vaak slechte verbindingen.

En wat voor hulpverleners tijdens crisissituaties geldt, geldt ook voor 'gewone' medewerkers achter de balie van een bankfiliaal, in de bediening van een restaurant of in de cockpit van een trein: zij moeten vaak daar en dan een beslissing nemen. En ze doen dat vaak goed. Natuurlijk maken ze wel eens een fout en hopelijk leren ze daarvan. Een beslissing van een meerdere is echter zeker niet per definitie beter, al was het maar omdat die meer tijd vergt.

4. Geef hun de middelen

Een belangrijke les die het Nederlandse leger heeft getrokken uit Srebrenica, is dat een legereenheid op vredesmissie goed bewapend moet zijn en moet beschikken over een voldoende mandaat om zichzelf en de lokale bevolking desnoods met geweld te verdedigen tegen aanvallen van een van de strijdende partijen. De militairen in Uruzgan hoeven bijvoorbeeld niet dagenlang te bedelen bij de NAVO-top voor luchtsteun, zoals overste Karremans destijds wel moest. De commandant in het veld kan zelf beslissen over de inzet van straaljagers of helikopters. Alleen achteraf moet hij zich verantwoorden tegenover zijn meerdere.

In kennisintensieve organisaties zijn die wapens vervangen door informatie, maar geldt hetzelfde principe. Om goede beslissingen te kunnen nemen moeten de werknemers van elektrotechnisch bedrijf Hoppenbrouwers kunnen beschikken over alle relevante informatie, vindt directeur-eigenaar Henny de Haas. En ook bij financieel dienstverlener Finext is alle informatie open en voor iedereen toegankelijk. Alleen zo kun je elkaar helpen of aanspreken op oncollegiaal gedrag, vinden ze bij Finext.

5. Spreek elkaar aan op verantwoordelijkheden

'We praten heel veel over anderen, maar durf je dat ook tegen die persoon zelf te zeggen?' zegt wijkteamchef van de politie Amsterdam-West, Roos Speelman. En ook Peter Meijers, ex-medewerker van Interpolis, constateert dat veel leidinggevenden er nogal eens moeite mee hebben om hun medewerkers te vragen waarom ze bijvoorbeeld om vier uur 's nachts hun mail beantwoorden. Terwijl dit wel een heel belangrijke vaardigheid is voor de nieuwe organisatie: feedback geven, elkaar aanspreken op verantwoordelijkheden, het zeggen als iemand zich niet houdt aan de gezamenlijk afgesproken gedragslijn. En andersom: de bereidheid hebben om verantwoording af te leggen voor je gedrag.

Zelfsturing is namelijk helemaal niet vrijheid, blijheid, zoals sommigen denken. Je vervangt de sturing van buitenaf door zélfsturing, je neemt zélf de verantwoordelijkheid voor je eigen daden. En dat betekent dus ook dat je de bereidheid moet hebben om daar verantwoording over af te leggen tegenover anderen: je collega's, de organisatie, de buitenwereld, God misschien wel, als je gelovig bent. Jij bent verantwoordelijk voor je daden, niet je manager, niet je collega, niet de organisatie, maar jij. En als jij vindt dat sommige dingen in de organisatie niet goed geregeld zijn, zou je altijd eerst de vraag moeten stellen: wat heb ik eraan gedaan om het te veranderen?

Dat klinkt misschien heel Amerikaans, maar ik denk dat dit wel de kern is van zelfsturing: verantwoordelijkheid nemen. Ook voor jezelf trouwens, voor je gezondheid en voor je gezin. Dus vergeet ook niet af en toe even gas terug te nemen en zorg dat je bij het afzwemmen van je jongste bent. Ook dát is zelfsturing.

6. Wees streng aan de poort

Een goed idee van Semco: laat medewerkers zelf nieuwe medewerkers aannemen. Laat dit niet over aan een manager of een p&o'er die nauwelijks een idee heeft van de werkzaamheden die de nieuwe collega moet verrichten, maar leg het in handen van de mensen die dagelijks met hem of haar zullen moeten werken. Niet alleen kunnen zij veel beter beoordelen of de kandidaat uit het juiste hout is gesneden, zij zullen ook beter hun best doen om de nieuwe collega te laten slagen. Ze hebben hem tenslotte zelf aangenomen.

Het is maar een suggestie. Belangrijk is hoe dan ook dat je veel aandacht besteedt aan de werving en selectie van nieuwe medewerkers. Zij bepalen namelijk voor een belangrijk deel de cultuur van de organisatie en de uitstraling naar buiten. Bij Interpolis worden nieuwe medewerkers daarom een dag lang gekneed en getest voordat ze worden aangenomen. En als ze dit cultuurprogramma niet goed doorlopen, gaat de aanstelling niet door. Jammer, maar helaas.

Toegegeven: zo'n strenge selectieprocedure is soms lastig vol te houden als er een flinke schaarste aan goed personeel op de arbeidsmarkt is. Maar kies dan altijd liever iemand die wel bij de cultuur past maar niet over de juiste papieren beschikt dan andersom. Of denk ook eens aan een eigen jeugdopleiding; zal Cruijff ook weten te waarderen.

7. Een intelligente top

'Managers heb je misschien niet meer nodig, maar toch nog wel iets van een leiding?' Tijdens het schrijven van dit boek is deze vraag me veelvuldig gesteld. Eigenlijk heb ik daar niet zo'n goed antwoord op. Ik ben namelijk een beetje bang om te verzanden in de oeverloze discussie over het verschil tussen management en leiderschap. Voordat je het weet wordt het succes van de organisatie opgehangen aan de aanwezigheid of afwezigheid van bijzondere figuren van het kaliber Nelson Mandela of, nou ja, Jan Peter Balkenende (elk volk krijgt de leider die het verdient). Daar schiet je niet zo veel mee op.

De mensen die ik heb ontmoet, voldoen daar ook zeker niet aan. Ja, Jos de Blok van Buurtzorg Nederland is een bijzondere man die iets heel moois heeft neergezet. Theo Rinsema van Microsoft is, denk ik, heel authentiek in zijn missie om zijn medewerkers meer controle over de balans tussen werk en privé te geven. Politiechef Erik van der Hulst is een leider op zijn manier, al was het maar omdat hij zijn eigen invulling geeft aan de oekaze van hogerhand om meer bonnen te schrijven. Maar echte leiders? Mensen die je zou willen volgen tot het einde van de wereld? Hm.

Wat al deze mensen echter wel gemeen hebben, is dat ze snappen dat je de uitvoering over moet laten aan de uitvoerders. Ze snappen dat ze op hun handen moeten blijven zitten en vooral niet moeten interveniëren, ook al denken ze dat het beter kan. Van hen mogen medewerkers hun eigen fouten maken en krijgen ze de kans om daarvan te leren. Intelligent leiderschap, zou je kunnen zeggen, maar dan met de nadruk op het eerste deel.

Misschien is er dan toch nog een beetje hoop voor sommige managers. Een mooie gedachte om mee af te sluiten.

BRONNEN EN VERDER LEZEN

1 Mijnheer Jansens

Het artikel over Buurtzorg Nederland verscheen eerder in het tijdschrift *Slow Management*, voorjaar 2009. Over de uitspraak van Jos de Blok over het landelijk invoeren van het systeem van Buurtzorg verscheen in juni 2009 een uitgebreid rapport van Ernst & Young. De accountants berekenden een potentiële besparing op de AWBZ van ruim 1,9 miljard euro per jaar.

Deel I   Het einde van de organisatie zoals wij die kennen

2 Symptoom een: cholesterol

Hoe Osama bin Laden heeft kunnen ontsnappen uit Tora Bora werd onderzocht door een senaatscommissie onder leiding van John F. Kerry: *Tora Bora Revisited: how we failed to get Bin Laden and why it matters today*, 30 november 2009. De theorie dat Al Qaida een verzinsel is van neoconservatieve stromingen in de VS wordt uitvoerig gedocumenteerd in de BBC-documentaire *The Power of Nightmares* van Adam Curtis.
In *The spider and the starfish* beschrijven Ori Brafman en Rod A. Beckstrom de kracht van 'leaderless organizations'.

Zij putten hun voorbeelden vooral uit internetbedrijfjes als Napster en zelfhulporganisaties als AA, maar wijzen ook op wat zij noemen hybride organisaties als eBay en Toyota.

Het verhaal over de turn around van Fiat en Marchionnes hekel aan hiërarchische verhoudingen werd o.a. beschreven in *Fortune* van 10 mei 2007, 'The turn around at Fiat'.

3 Symptoom twee: beroepszeer

De Raifeissenlezing van Geert Mak is onder meer te vinden in het boek *Beroepszeer. Waarom Nederland niet goed werkt*, een publicatie van het wetenschappelijke bureau van het CDA. De hoofdredacteur van deze *Christen Democratische Verkenningen* Thijs Jansen begon enige tijd later samen met Gabriël van den Brink en Dorien Pessers de Stichting Beroepseer (zie www.beroepseer.nl). In 2009 publiceerde de stichting opnieuw een bundel onder de titel *Beroepstrots*.

Jaap Peters en Judith Pouw: *Intensieve Menshouderij*, Scriptum (2004). Jaap Peters en Mathieu Weggeman: *Het Rijnland Boekje*, Business Contact (2009). Ook Jaap Jan Brouwer en Piet Moerland schreven een boek over de vergelijking tussen het Rijnlandse en het Angelsaksische model: *Angelsaksen versus Rijnlanders*, Garant (2005).

4 Symptoom drie: vrije radicalen

Het interview met Jeroen Smit stond in *de Volkskrant* van

21 november 2009. In diezelfde krant stond op 6 september 2008 ook een artikel over de groeiende groep zzp'ers.

Agnes Jongerius sprak haar toespraak uit bij de opening van het Academisch Jaar van de Vrije Universiteit op 1 september 2008. Over de motivatie van zzp'ers om voor zichzelf te beginnen voerde Intomart gfk in augustus 2008 in opdracht van verzekeraar Delta Lloyd een onderzoek uit; het EIM deed hetzelfde in oktober 2007. Het artikel over de Chippie verscheen in *de Volkskrant* van 1 december 2009.

5 Symptoom vier: groeistuipen

Feyenoordspeler Kevin Hofland lucht zijn hart in *de Volkskrant* van 21 februari 2009: 'Als we beroerd voetballen, ga ik geen discussie uit de weg. Maar als een gek mij thuis belt en mijn gezin bedreigt, worden grenzen overschreden.'
De baan op het witte paard: Derk Jan Nijhoff en Barbara van der Steen in *Beroepszeer*, Uitgeverij Boom (2005). Er zijn veel boeken verschenen over de nieuwe generatie werknemers en hun worsteling met het leven en hun werk. Om er een paar te noemen: *Generatie Einstein* van Jeroen Boschma en Inez Groen en *Het dertigersdilemma* van Nienke Wijnants.
Het onderzoek van Manpower naar het dreigende arbeidstekort is gepresenteerd in het witboek *Het kritieke tekort* (Manpower, 2008). De uitzendorganisatie ondervroeg hiervoor ruim 1100 HR-managers. In dat witboek wordt ook verwezen naar het rapport van de OESO over ons land, *Economic Survey*

of the Netherlands, 2008. Over de nieuwe werknemer publiceerde Manpower eind 2006: *De nieuwe werknemer*.
Umair Haque, *The Generation M Manifesto, Harvard Business Review*: http://blogs.hbr.org/haque. De vertaling is van mij.

6 Symptoom vijf: mentaal verzuim

Het onderzoek naar de klantenservice van Nederlandse ondernemingen is te vinden op www.financieel-management.nl. Het artikel is daar geplaatst op 1 februari 2010. Op de website www.mentaalverzuim.nl is meer informatie te vinden over het fenomeen mentaal verzuim, onderzoeken en een mogelijke aanpak. De term is geregistreerd door adviesorganisatie United Sense, die klanten 'een mentaal schone organisatie' belooft.
Fons Naus deed zijn uitspraken in het *Financieele Dagblad* van 15 november 2007, in een interview over zijn onderzoek.

7 Symptoom zes: aderverkalking

Het Grote Creativiteitsonderzoek werd gepresenteerd in het *FD* van 26 augustus 2008. Een uitgebreider verslag van het onderzoek staat in het boek: *Oh, wat zijn we creatief!* van Marleen Janssen Groesbeek en Peter ten Hoopen (Business Contact, 2008). Daarin staat ook een interview met Ton Westendorp, zoals gepubliceerd in de krant op 17 augustus 2007. Het persbericht van Westendorp en mededirectielid Willem

Badenhop stond tot halverwege 2009 nog keurig op de website van Nedap. Medio 2010 is het verwijderd. Over de onenigheid in de top van Nedap schreef journalist Hans Crooijmans in december 2007 een scherp stuk op de site van *Management Scope*. De Level 5-verkiezing van *Management Team* vond plaats in mei 2007 en werd in diezelfde maand in het blad gepubliceerd. Journalist Koos Schwarz schreef een mooi portretterend afscheidsinterview met Westendorp in *Fem Business*.

8 Symptoom zeven: geldzucht

Volkskrant-journalist Xander van Uffelen schreef samen met collega Pieter Klok het boek *Bonus*. Voor de krant volgt hij het nieuws over beloningen aan de top van het bedrijfsleven en de (semi-)overheid. Het artikel over de beloning van de ASML-top en het interview met commissaris Jos Westerburgen stond in *de Volkskrant* van 4 februari 2010.

Het onderzoek van Kilian Wawoe staat beschreven in *de Volkskrant* van 24 oktober 2008. De krant maakte ook zijn vertrek bij ABN Amro bekend.

9 Taylor en de zelfstandige demente bejaarde

Het verhaal van de *pig-iron handler* staat onder meer beschreven in het boekje *The Principles of Scientific Management* van Frederick Winslow Taylor uit 1911. Het is opnieuw uitgegeven door NuVision Publications in 2007.

Het onderzoek van het ROA naar het aantal managers in ons land werd gepubliceerd in *Intermediair* van 27 maart 2008. Niet veel later publiceerde het CBS, waarop het ROA zijn onderzoek nota bene baseert, cijfers waaruit zou blijken dat het aantal leidinggevenden in de periode van 2001 tot 2007 gelijk is gebleven. Het CBS gebruikte hierbij echter een andere definitie. Door definitiekwesties is nauwelijks exact te zeggen hoeveel managers er in Nederland zijn.

Deel II Een zoektocht naar de nieuwe organisatie

De informatie over Ilya Prigogine en diens theorie over het ontstaan van leven komt uit het artikel 'Zelforganisatie, van doelgerichte ontwerpen naar spontane orde' van UvA-medewerkers Fred Wan en Leon van der Torre. Het is te vinden op de website: http://staff.science.uva.nl/~wan/Papers%20folder/ZOSKW.html.
Mathieu Weggeman, *Leidinggeven aan professionals? Niet doen!* Uitgeverij Scriptum, 2008.

10 Onder het mes

Een deel van dit artikel verscheen eerder in *Slow Management*, zomer 2009. Het rapport van de Raad voor de Volksgezondheid en Zorg is te vinden op de website van de organisatie, www.rvz.nl, onder de titel 'Governance en kwaliteit van zorg'. Oud-generaal van de NAVO Jan-Willem Brinkman promoveerde in 2006 op een proefschrift waarin hij het *mission command*-model van het leger voorschrijft aan de zorg: *Dynamiek en onzekerheid als kans.*

11 Een kansloze missie

De Engelse versie van het NIOD-rapport over de val van Srebrenica is te vinden op de website http://srebrenica.brightside.nl/srebrenica/
'Mission Command in Dutch Peace Support Missions', Ad Vogelaar en Eric-Hans Kramer, in *Armed Forces & Society*, vol. 30, No. 3, 409-431 (2004).
Organisatieadviseur Jaap Jan Brouwer schreef een interessant boek over de Auftragstaktik: *Schaduwen over de woestijn.* Hierin vergelijkt Brouwer strategie, management en organisatie van het Duitse en het Britse leger van Versailles tot El Alamein en blijkt het Britse leger dus veel hiërarchischer te zijn geweest dan het Duitse.

12 De hangmatten van Semco

Delen van dit verhaal verschenen eerder in het tijdschrift *Slow Management*. Ricardo Semler schreef twee boeken over zijn managementfilosofie. De eerste was *Turning the Tables* (1993), in het Nederlands vertaald als *Semco-stijl* (uitgeverij Forum, Amsterdam). In 2003 werd dit boek gevolgd door *The Seven-Day Weekend*, letterlijk zo vertaald in het Nederlands.

Op de website van Semco (www.semco.com.br/en) is meer te vinden over het bedrijf, hoewel de site niet geheel up-to-date is. Hier is ook de survivalgids in te zien en te downloaden.

13 Een manager zonder troon

Filosoof Govert Derix schreef in de hoogtijdagen van The Vision Web een ronkend boek over deze club: *The Vision Web. Op reis naar 's werelds spannendste ondernemingsvorm* (Scriptum, 2000). Het interview met ceo Eddy Vermeire stond in *Management Team* van 24 augustus 2001.

Het verhaal van e-office wordt uitvoerig beschreven in het boek *De kracht van mensen* van Roland Hameeteman (Uitgeverij Haystack, 2009).

Een uitgebreid interview met Theo Rinsema van Microsoft stond in het *Financieel Dagblad* van 14 november 2009. Een medewerker van Microsoft, Dik Bijl, schreef een boek over het nieuwe werken onder dezelfde titel (Academic Services, 2007). Inmiddels is hij zijn eigen adviespraktijk begonnen en publiceerde hij een vervolg: *Aan de slag met het nieuwe werken* (uitgegeven in eigen beheer, 2009).

14 'Laat de bonnetjes maar thuis!'

Een enigszins aangepaste versie van het verhaal over Interpolis stond in het voorjaar van 2010 in het tijdschrift *Slow Management*. Delen van het interview met Piet van Schijndel zijn gepubliceerd in *IT-Executive* van 29 april 2008.

Erik Veldhoen schreef een aantal boeken over zijn kantoorconcept. De belangrijkste zijn *Kantoren bestaan niet meer* (Uitgeverij 010, 1995) en *The Art of Working* (Academic Services, 2006)

15 Zen en de kunst van het machineonderhoud

Eind jaren negentig werkte ik als freelance journalist voor de afdeling Interne Communicatie van Unilever Nederland. Ik heb daardoor geregeld verslag mogen doen van de invoering van TPM in de fabrieken van Van den Bergh Nederland. Ik schreef onder meer voor het interne blad van Van den Bergh Nederland over TPM, *Competing for the future,* en ook voor het personeelsblad van Unilever Nederland, *Eigen Terrein.* In mijn boek *Wie is hier nu eigenlijk de baas?* schreef ik eerder over de cultuurverandering die Tex Gunning doorvoerde bij Van den Bergh Nederland.

Over de spirituele reis die Gunning later met zijn managers maakte, verscheen in 2004 het boek *Naar de woestijn en terug: de opmerkelijke metamorfose van Unilever Nederland* (uitgeverij Het Spectrum).

Op de site www.procesverbeteren.nl schreef businessjournalist Jaap van Ede in 2007 het artikel '10 jaar stapsgewijs procesverbeteren bij Unilever'. Op die site is nog veel meer informatie te vinden over TPM.

Het verhaal over NUMMI staat beschreven in *The starfish and the spider* van Ori Brafman en Rod A. Beckstrom. Journalist

Mark van Baal schreef een businesscase over elektrotechnisch bedrijf Hoppenbrouwers voor het tijdschrift *Brookz* van maart 2010.

16 Van onderbroeken naar kunstgras

Op de site van TenCate (www.tencate.com) is veel informatie te vinden over de diverse activiteiten van het bedrijf en over de waarden en strategie. In 2007 ontving het bedrijf de Erasmus Innovatie Award omdat het bedrijf volgens de jury 'technologische innovatie met sociale innovatie verknoopt. Deze unieke formule heeft geleid tot een succesvolle organisatie die zeer vooruitstreven producten ontwikkelt en bovengemiddelde resultaten behaalt.'

Het artikel uit *Fortune* over W.L. Gore verscheen op 10 november 2003 en is geschreven door Ann Harrington. Het artikel in het *Wirschaftsmagazine Brand Eins* had als titel 'Der Talentschuppen' en werd gepubliceerd op 23 oktober 2009. W.L. Gore wordt onder meer genoemd in *Good to great* van Jim Collins en in *The future of management* van Gary Hamel en Bill Breen uit 2007.

17 De bureaucratische reflex

In het tijdschrift *Management Team* stond in april 2006 een artikel met als kop 'De politie zoekt nieuwe leiders'. Het was een reportage over de nieuwe tweejarige Leergang Strategisch

Leidinggeven die de Politieacademie in Warnsveld sinds 2003 organiseert. Het interview met Gerrit van der Kamp van de politievakbond ACP stond in *de Volkskrant* van 12 december 2009. Het onderzoek van de SP onder tienduizend agenten is te vinden op de site van de partij (www.sp.nl, 'Agent aan het woord') en werd onder meer beschreven in *de Volkskrant* van 13 november 2009. De citaten van hoogleraar Willem Trommel komen uit *Het Parool* van 28 september 2009. Zijn oratie bij de aanvaarding van de leerstoel Beleids- en bestuurswetenschappen aan de Vrije Universiteit is te downloaden vanaf de site van de VU. De tekst zal binnenkort ook in een boek verschijnen.

18 The seven habits of highly effective organizations

De commissie-Oosting heeft uitvoerig onderzoek gedaan naar de vuurwerkramp in Enschede. Haar rapport is te vinden op de website http://vuurwerkramp.enschede.nl.
NRC Handelsblad publiceerde op 6 februari 2010 een interview met Astrid Scholtens van Crisislab. Zij stelt daarin dat de commandostructuur die in Nederland na een ramp wordt opgezet niet goed functioneert, omdat die een te grote verantwoordelijkheid bij de burgemeester neerlegt: 'Het kan toch niet zo zijn dat de professionele hulpdiensten (...) afhankelijk moeten zijn van wat de burgemeester gaat besluiten? Ze moeten zo zijn opgeleid en getraind dat ze in het heetst van de strijd juist zo zelfstandig mogelijk kunnen handelen.'

OBRIGADO

Ik wil iedereen bedanken die op enigerlei wijze een bijdrage heeft geleverd aan dit boek. Dat zijn er teveel om op te noemen. Daarom aan alle geïnterviewden, organisaties die hun deuren voor mij hebben geopend, vrienden, familie, collega's, volgers en hen die ik mag volgen op Twitter, leden van mijn sociale netwerk op LinkedIn en de diverse discussiegroepen, critici en toevallige passanten: zonder jullie was dit boek nooit tot stand gekomen. Hartelijk dank voor de inspiratie en de vele mooie verhalen.

And to my friends at Semco Equipamentos I would like to say: *muito obrigado*. Hope to see you again some day. Good luck with your company and in your life's.

Ben Kuiken